essentials

AF307082

Ronald Ivancic

Farben des Erfolgs – Ocean-Strategien für Organisationen

Zwischen Wettbewerb, Innovation und Nachhaltigkeit

Ronald Ivancic iD
Institut für Organisation & Leadership
Ostschweizer Fachhochschule
St. Gallen, Schweiz

ISSN 2197-6708　　　　　　　　ISSN 2197-6716 (electronic)
essentials
ISBN 978-3-658-51877-6　　　　ISBN 978-3-658-51878-3 (eBook)
https://doi.org/10.1007/978-3-658-51878-3

Die Deutsche Nationalbibliothek verzeichnet diese Publikation in der Deutschen Nationalbibliografie; detaillierte bibliografische Daten sind im Internet über https://portal.dnb.de abrufbar.

Springer Gabler ist ein Imprint der eingetragenen Gesellschaft Springer Fachmedien Wiesbaden GmbH und ist ein Teil von Springer Nature.
Die Anschrift der Gesellschaft ist: Abraham-Lincoln-Str. 46, 65189 Wiesbaden, Germany

Was Sie in diesem *essential* finden können

- Kompaktes Basiswissen der Strategieforschung
- Wesentliche Ocean-Strategien für Organisationen
- Anwendung einer zielführenden, nachhaltigen strategischen Vielfalt
- Praxisorientierte Illustration mittels geeigneter Beispiele

Interessenskonflikt Der/die Autor*in hat keine relevanten Interessenskonflikte im Zusammenhang mit dieser Publikation.

Inhaltsverzeichnis

Über den Autor

Prof. Dr. Ronald Ivancic ist Professor am Institut für Organisation & Leadership der Ostschweizer Fachhochschule sowie Lehrbeauftragter für Betriebswirtschaft u.a. der Universität St. Gallen. Er forscht, lehrt und berät etwa in den Themenfeldern Corporate (Digital) Responsibility, Corporate Brand Management, Corporate Governance, systemischer Führung und Responsible Leadership.

Einleitung: Navigieren im Ozean der Märkte 1

Einer Metapher, welche auf einen Ozean der Märkte abstellt, liegt nur sekundär eine poetische Intention inne. Vielmehr verweist sie auf ein unüberschaubares Sammelsurium an Aspekten, auf Tiefen, Strömungen, Unsichtbares unter der Oberfläche und auf das Zusammenwirken unzähliger Einzelakteure, deren kollektives Verhalten makroskopische Phänomene hervorbringt, die sich nicht unmittelbar aus den Absichten Einzelner ableiten lassen. Demgemäß sind **Märkte** nicht allein Orte, an denen rational gehandelt oder Preise gebildet werden, als vielmehr komplexe soziale, kulturelle und institutionelle Räume, in denen Wissen, Normen, Technologien, Ressourcen und Machtbeziehungen zirkulieren (Hayek 1945). Sie sind evolutionäre Systeme, weshalb ein Marktreüssieren Ergebnis adaptiver Prozesse ist, die u. a. von Wettbewerb, Kosten, Lernen und Selektion geprägt sind. Dies verdeutlicht, dass Märkte als soziale Institutionen Orientierung im Sinne von Koordinations- und Legitimationsleistungen erfordern. Sie sind also nicht nur durch Wettbewerb, oder weitere Kräfte (Porter 1990) strukturiert, sondern ebenso durch institutionelle Regeln, staatliche Eingriffe und soziale Netzwerke (Fligstein 2001).

Somit ist der Ozean ein unüberschaubares, stets in Bewegung befindliches Geflecht, in dem Akteure mittels strategischer Entscheidungen, dem Setzen von Orientierungspunkten und Reagieren auf unvorhersehbare Strömungen steuern. Angesichts dessen lässt sich solch ein **Navigieren** innerhalb dieser Gemengelagen als die Aufgabe begreifen, in einem komplexen, informationsverteilten, partiell unsicheren und evolutionär veränderlichen Umfeld robuste strategische Entscheidungen zu treffen. Diese sind nicht als singuläre Momente, sondern vielmehr eingebettete Prozesse zu verstehen, die bspw. das Spannungsfeld von Erkundung neuer Möglichkeiten und Optimierung bestehender Routinen umfassen und so eine

R. Ivancic, *Farben des Erfolgs – Ocean-Strategien für Organisationen*, essentials, https://doi.org/10.1007/978-3-658-51878-3_1

Balance zwischen kurzfristiger Effizienz und langfristiger Anpassungsfähigkeit (March 1991) unter Berücksichtigung unterschiedlicher Umweltsphären und Stakeholder sicherstellen. Navigieren bedeutet demnach nicht nur, bestehende Wellen zu reiten, sondern auch, Strukturen zu erkennen, die diese überhaupt erst hervorbringen. Akteure müssen sich sowohl an formellen Regularien als auch an informellen Erwartungshorizonten ausrichten, wenn sie erfolgreich strategische Entscheidungen treffen wollen.

Dementsprechend kommt auch **Narrativen, Symbolen** und **Vertrauen** eine wichtige Rolle zu und **Ökonomisches** ist in **sozialen Bedeutungsgefügen** eingebettet (Zelizer 2011). Strategische Navigation impliziert daher, diese Dimensionen von Marktprozessen ebenso ernst zu nehmen wie deren funktionale Logik. Dies macht deutlich, dass Akteure in Märkten nicht nur rational kalkulierende Entscheider sind, sondern auch Erzähler, Sinnstifter und Interpreten. Neben diesen strukturellen und mehrdimensionalen Aspekten wird ein Steuern durch die globalen Herausforderungen unserer Zeit weiter verschärft. Märkte sind in transnationale Netzwerke eingebettet, in denen ökologische, technologische und geopolitische Faktoren tiefgreifende Unsicherheiten erzeugen. So wird bereits seit den frühen 90er-Jahren des vorigen Jahrhunderts solch eine Konstellation als Risikogesellschaft bezeichnet (Beck 1992). Strategisches Vorgehen bedeutet daher, Unsicherheit nicht nur zu eliminieren, sondern produktiv in Entscheidungsprozesse zu integrieren – sei es durch Szenario-Planung, institutionelle Widerstandsfähigkeit oder adaptive Lernstrategien. Hierzu gilt es ein Verständnis für Mehrdimensionalität zu entwickeln und sowohl ökonomische Rationalität, soziale Einbettung, politische Regulierung und kulturelle Deutung innerhalb kontingenter, relationaler und prozessualer Entscheidungen zu berücksichtigen. Im Zentrum stehen bewusste, vorausschauende und systemische Entscheidungsprozesse, die geeignet sind, nicht nur auf kurzfristige Schocks zu reagieren, sondern langfristige Wettbewerbsfähigkeit und Resilienz zu sichern.

Je strategischer und langfristiger Entscheidungen nun werden, desto größer gestalten sich Unsicherheit, Irreversibilität von Investitionen und Reichweite. Somit beeinflussen sie die langfristige Wohlfahrt der Organisation und können oft nicht ohne Substanzänderung rückgängig gemacht werden (Lampel 2016). Dies zeigt sich u. a. darin, dass kurzfristige Entwicklungen zwar mittels **Forecasts** zunehmend besser prognostiziert werden können, bei langfristigeren allerdings der Unsicherheitsfaktor exponentiell wächst. Unvorhersehbare, komplexe und dynamische Ereignisse führen so zu nicht vorhersehbaren Entwicklungen und sind nur näherungsweise mittels **Foresight** zu fassen. Somit sind Zukünfte abhängig von ihrer temporalen Fristigkeit nur teilweise vorhersehbar. Stehen dabei eine Langfristigkeit und somit eine normative Ebene der Unternehmensführung im Zentrum,

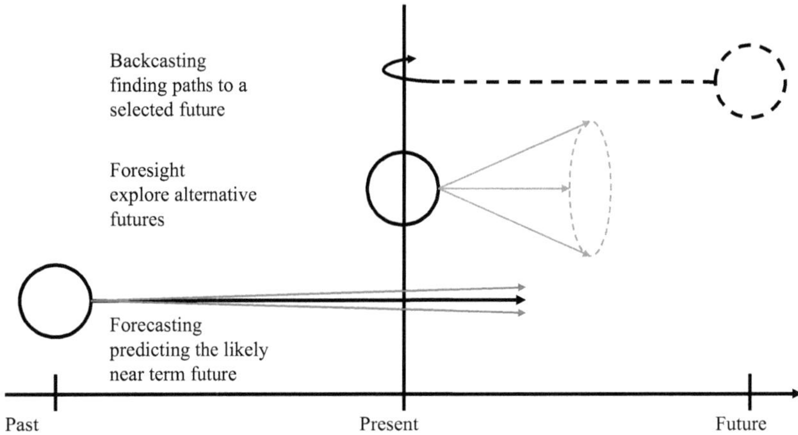

Abb. 1.1 Zukunftsprognosen. (Eigene Darstellung in Anlehnung an Ivancic und Ott 2020)

gewinnen Purpose und Identität der Unternehmung an Bedeutung. Im Unterschied zu anderen Methoden zielt das **Backcasting** oder Retrospektionsverfahren darauf ab, zunächst eine gewünschte Zukunft zu entwerfen und daraus rückwärts induzierte Schritte zur Erreichung dieses Zustands abzuleiten. Die detaillierte Vision definiert relevante Aspekte des Angestrebten, setzt Grenzen für die Entwicklung und ermöglicht die Bewertung von Handlungsalternativen (Abb. 1.1), die auf strategischer Ebene wirksam werden (Ivancic und Ott 2020).

Hierfür ist ein tiefgreifendes Verständnis differenter strategischer Ansätze notwendig. Dabei haben sich verschiedene Ocean-Strategien entwickelt, die jeweils spezifische Perspektiven und Methoden zur Marktgestaltung und -durchdringung bieten. Sie reichen von der Schaffung neuer, unbesetzter Marktsegmente bis hin zur Anpassung an bestehende Wettbewerbslandschaften. Diese und Möglichkeiten deren Integration für eine zukunftsfähige Unternehmenssteuerung stehen im Zentrum vorliegenden Beitrags. Nach Ausführungen zu grundlegenden **Paradigmen und Perspektiven der Strategieforschung** (Kap. 2), rückt die konkurrenzintensive **Red Ocean Strategy** (Kap. 3) ins Zentrum, welche häufig eine dichotome Gegenperspektive zur innovativen **Blue Ocean Strategy** (Kap. 4) darstellt. Die **Green Ocean Strategy** (Kap. 5) erweitert diesen Ansatz, indem sie Nachhaltigkeit und soziale Verantwortung in den Mittelpunkt stellt, während eine **Black Ocean Strategy** (Kap. 6) versucht auf Krisen zu reagieren bzw. Barrieren und Hindernisse für Marktbegleiter zu schaffen. Verschiedenste **Hybridformen** (Kap. 7) sowie **Möglichkeiten der Kombination unterschiedlicher Ansätze vor**

dem Hintergrund einer Digitainability (Kap. 8) runden die Ausführungen neben **illustrierenden Beispielen** (Abschn. 3.3, Abschn. 4.3, Abschn. 5.3, Abschn. 6.3 sowie Abschn. 7.4) ab.

▶ Diese verschiedenen Strategien bieten Organisationen unterschiedliche Perspektiven und Werkzeuge, um sich in komplexen und dynamischen Ozeanen erfolgreich zu bewegen. Ein tiefes Verständnis selbiger befähigt Führungskräfte dazu, fundierte Entscheidungen zu treffen und ihre Organisationen nachhaltig und erfolgreich zu führen.

Die Wahl der geeigneten Strategie hängt von verschiedenen Faktoren ab, darunter die Marktbedingungen, die Ressourcen des Unternehmens sowie dessen Vision, Mission und langfristige Ziele.

Literatur

Beck, U. (1992). *Risk society: Towards a new modernity*. Thousand Oaks: Sage.

Fligstein, N. (2001). *The architecture of markets: An economic sociology of twenty-first-century capitalist societies*. Princeton: Princeton University Press. https://doi.org/10.151 5/9780691186269

Hayek, F. A. (1945). The Use of Knowledge in Society. *The American Economic Review, 35*(4), 519-530.

Ivancic, R., & Ott, S. (2020). Machine Economicus – Business Forecast 4.0; Methods to Predict Short-, Medium- and Long-term Futures. *Marketing Review St. Gallen, 37*(3), 20-31.

Lampel, J. (2016). Strategic Decision-Making. In M. Augier & D. J. Teece (Hrsg.), *The Palgrave Encyclopedia of Strategic Management* (S. 1–4). London: Palgrave Macmillan. https://doi.org/10.1057/978-1-349-94848-2_595-1

March, J. G. (1991). Exploration and exploitation in organizational learning. *Organization Science, 2*(1), 71–87. https://doi.org/10.1287/orsc.2.1.71

Porter, M. E. (1990). *Competitive Strategy. Wettbewerbsstrategie: Methoden zur Analyse von Branchen und Konkurrenten* 6 Frankfurt: Campus.

Zelizer, V. A. (2011). *Economic lives: How culture shapes the economy*. Princeton: Princeton University Press. https://doi.org/10.23943/princeton/9780691139364.001.0001

Strategische Unternehmensführung zählt zu den zentralen Gegenständen der betriebswirtschaftlichen Forschung und Praxis. Aufgrund ihrer hohen Relevanz für den langfristigen Unternehmenserfolg haben sich im Laufe der Zeit zahlreiche Standpunkte, theoretische Strömungen und methodische Ansätze zur Erklärung und Gestaltung strategischer Prozesse (Abb. 2.1) entwickelt (vgl. Ivancic 2007).

Die wesentlichen drei Grundhaltungen sollen im Folgenden näher ausgeführt werden.

2.1 Market-based View – die marktorientierte Perspektive

Die **Outside-In-Perspektive**, auch als Market-based View bezeichnet, geht davon aus, dass die Entwicklung unternehmerischer Strategien vorrangig an **externen Marktbedingungen und -bedürfnissen** ausgerichtet sein sollte. Sie basiert auf Grundlagen der Industrieökonomik und fokussiert vornehmlich auf Korrelationen zwischen Marktstruktur, -verhalten und -ergebnis (Bea und Haas 2019). Im Rahmen der marktbasierten Sichtweise lässt sich Unternehmenserfolg aus der jeweiligen Marktstruktur, den Interdependenzen zwischen Wettbewerbern sowie dem strategischen Verhalten innerhalb relevanter Produktmärkte ableiten. Infolgedessen wird der unternehmerischen Marktmacht als Determinante strategischer Wettbewerbsfähigkeit eine besondere Relevanz beigemessen. In einem marktorientierten Führungsverständnis wird das Leistungsprogramm typischerweise ausgehend von einer Analyse der Absatzmärkte konzipiert und anschließend retrograd bis zu den Bereichen Forschung, Entwicklung (F&E) und Fertigung geplant.

R. Ivancic, *Farben des Erfolgs – Ocean-Strategien für Organisationen*,
essentials, https://doi.org/10.1007/978-3-658-51878-3_2

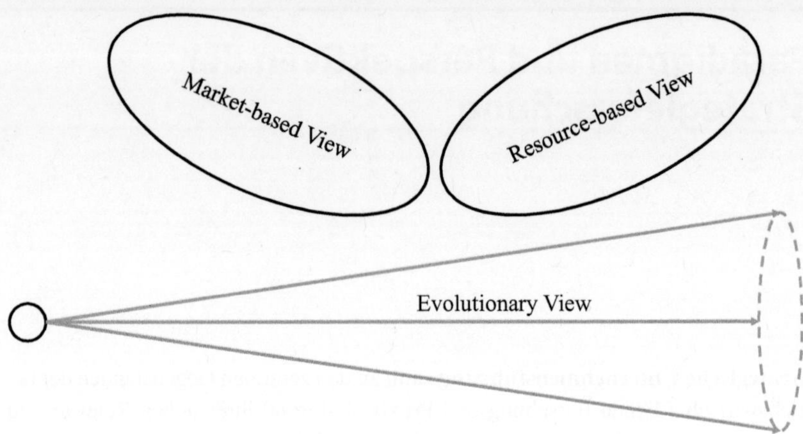

Abb. 2.1 Grundlegende Perspektiven der Strategieforschung. (Eigene Darstellung in Anlehnung an Bea und Haas 2019)

Demnach erscheint der Markt zunächst als entscheidende Instanz darüber, welche
Leistungen produziert werden (Bendixen 2006). So werden Organisationen primär
als reaktive Akteure verstanden, die auf Umweltanforderungen reagieren (Rode
2004). Zu den zentralen Modellen und theoretischen Grundlagen dieser Perspektive zählen u. a. die Industrial-Organization-Theorie, das Structure-Conduct-
Performance-Paradigma, das Modell der Wettbewerbskräfte sowie der Ansatz der
generischen Wettbewerbsstrategien. So ist insbesondere M. E. Porter als wesentlicher Treiber der Entwicklung des Market-based View zu nennen. Dabei zeigt er
auf, dass theoretische Erkenntnisse der Industrial-Organization-Forschung erfolgreich in die praktische Gestaltung strategischer Unternehmensentscheidungen integriert werden können (Burmann und Meffert 2005). Nach Porter ergibt sich langfristiger Unternehmenserfolg aus einer gezielten Positionierung in besonders at-
traktiven Produkt-Markt-Segmenten, die bspw. durch eine geringe
Wettbewerbsintensität gekennzeichnet sind. Zur Beurteilung der Branchen-
attraktivität dient u. a. Porters Modell der Wettbewerbskräfte, das die Einflüsse von
Lieferanten, Kunden, Substitutionsprodukten, potenziellen Wettbewerbern sowie
die generelle Wettbewerbsintensität innerhalb der Branche analysiert (Porter
1990). Empirische Untersuchungen identifizieren verschiedene marktspezifische
Erfolgsfaktoren, wobei in diesem Zusammenhang insbesondere das Konzept der
Erfahrungskurve, der Produktlebenszyklus sowie das PIMS-Programm hervorzu-
heben sind (Bea und Haas 2019).

Vornehmlich an der **reaktiven und defensiven Grundhaltung setzt die Kritik** am Market-based View an. Strategien, die auf eine Veränderung von Marktgrenzen oder die Schaffung neuer Märkte abzielen, finden in diesem Ansatz nur geringe Berücksichtigung, während primär etablierte Branchen als Orientierung dienen (Bea und Haas 2019). Wechselwirkungen zwischen Marktstruktur, -verhalten und -erfolg werden weitgehend ausgeblendet und unternehmerische Aktivitäten primär auf die Anpassung an spezifische Veränderungen der Marktstruktur beschränkt. Marktstrukturen sind a priori gegeben, indessen werden unternehmensinterne Ressourcen und Fähigkeiten als Grundlage für Wettbewerbsvorteile sowie interne Prozesse vernachlässigt.

▶ Der Market-based View sieht den Markt als treibende Kraft strategischer Entscheidungen – **Erfolg entsteht** durch Anpassung auf äußere Bedingungen anstatt durch deren aktive Gestaltung.

Die Unternehmung wird dabei weitgehend als Black Box gesehen, wobei eine vollständige Homogenität aller Unternehmen einer Branche hinsichtlich ihrer Ressourcenausstattung unterstellt wird (Burmann und Meffert 2005). Dass dem nicht so ist, betont ein entsprechender Perspektivenwechsel.

2.2   Resource-based View – die ressourcenorientierte Perspektive

Im Gegensatz dazu fokussiert die **Inside-Out-Perspektive,** der sogenannte Resource-based View, auf die Gestaltung strategischer Maßnahmen unter Berücksichtigung der vorhandenen **Unternehmensressourcen, Kernkompetenzen und Wissenspotenziale.** Der Ansatz unterstreicht, dass die gezielte Nutzung und Weiterentwicklung dieser internen Faktoren entscheidend für die langfristige Wettbewerbsfähigkeit ist (Day 1996). Theoretische Fundamente und konzeptionelle Modelle dieser Sichtweise umfassen u. a. das Resource-Conduct-Paradigma, Organizational Capabilities, den Dynamic Capability-Ansatz sowie das Konzept der Kernkompetenzen, die die gezielte Nutzung und Entwicklung unternehmenseigener Ressourcen betonen. So werden innerhalb des Resource-Conduct-Paradigmas nachhaltige Wettbewerbsvorteile als Resultat strategischen Handelns auf Grundlage organisationaler Ressourcen verstanden (Burmann und Meffert 2005). Langfristiger Markterfolg hängt mit einer konsequenten Fokussierung des Unternehmens auf eigene, spezifische und besondere Ressourcen sowie Potenziale zusammen, die denen der Konkurrenz überlegen sind. Diese Kernkompetenzen tragen unmittelbar zur Wertschöpfung bei und führen folglich zu Erfolg (Meier 1998). Insbesondere seit den 1990er-Jahren gelten Kernkompetenzen auf Basis der vielbeachteten Publikation von Hamel und Prahalad (1991) als zentraler Ursprung unternehmerischer Wettbewerbsfähigkeit. Sie ermöglichen durch die Verknüpfung betrieblicher Inputs die Generierung eines höheren Kundennutzens (Freiling 2001). Zur Identifikation von Kernkompetenzen wird u. a. die VRIN-Methode herangezogen, die insbesondere auf deren Eigenschaften Value (Wert), Rarity (Seltenheit), Inimitability (Nichtnachahmbarkeit) und Non-Substitutability (Nichtersetzbarkeit) fokussiert (Reisinger et al. 2013). Je stärker unternehmerische Ressourcen und Fähigkeiten den genannten Kriterien entsprechen, desto schwerer wird es für Wettbewerber, die Unternehmensstrategie nachzuahmen. Grundlage des Unternehmenserfolgs ist somit ein gezielter strategischer Umgang mit diesen Ressourcen und Fähigkeiten, der es der Organisation ermöglicht, aus weitgehend homogenen Inputs heterogene und wertschöpfende Outputs zu generieren. Neben dem Modell der Kernkompetenzen und Fähigkeiten wird auch Wissen (Ivancic 2022a, b) innerhalb des Resource-based View zu einem entscheidenden Wettbewerbsvorteil.

Um den Anforderungen des Marktes gerecht zu werden, liegt die zentrale Aufgabe der Unternehmensführung primär in der Kombination und strategischen Ausrichtung von Ressourcen und Fähigkeiten. Aus dieser Perspektive lässt sich ableiten, dass **Märkte** im Sinne der Grundannahmen des Market-based View nach wie vor über die **Relevanz von Leistungen** und damit über den **Unternehmenserfolg** entscheiden (Rode 2004). Die Marktrelevanz basiert dabei auf dem Vermögen, durch gezielte Kernkompetenzkombinationen Nutzenbündel zu schaffen, die den individuellen Kundennutzen begründen (Burmann und Meffert 2005). Eine Vernachlässigung dieser Aspekte stellt folglich eine zentrale **Kritik** am Resource-based View dar.

▶ Der Resource-based View rückt die inneren Stärken ins Zentrum – nachhaltiger **Erfolg entsteht** aus einzigartigen Ressourcen, Kompetenzen und Wissen statt aus bloßer Marktanpassung.

Somit wird deutlich, dass sowohl Market- als auch der Resource-based View eine wesentliche Grundlage für strategischen Unternehmenserfolg bilden. Beide Perspektiven sind gleichrangig, da unternehmerische Fähigkeiten und Fertigkeiten die essenzielle Grundlage für die Schaffung von Lösungen bilden, die den Anforderungen verschiedener Märkte gerecht werden. Vor diesem Hintergrund kann der Resource-based View als eine temporale Vorstufe des Market-based View verstanden werden, betrachtet er interne Potenziale als Ausgangspunkt für Marktorientierung (Bea und Haas 2019; van Well 1996).

2.3 Evolutionary View – die evolutionstheoretische Perspektive

Die Annahme, dass sich Unternehmensführung durch rationale Planung und objektive Steuerung vollständig kontrollieren lässt, gilt in einer sich wandelnden und komplexen Umwelt als überholt. Die Planbarkeit von Unternehmensentwicklung und wirtschaftlicher Prosperität wird heute in der Regel nicht mehr postuliert (Bendixen 2006), sondern unter **konstruktivistischen und systemtheoretischen Prämissen** durch ein Verständnis ersetzt, das Wandel, Unsicherheit und subjektive Wahrnehmung in den Mittelpunkt rückt (Hinterhuber 1996). So zeigt die Erfahrung, dass die Realität häufig nicht wie erwartet reagiert, unabhängig davon, in welchen sozialen Systemen Organisationen agieren oder interagieren (Luhmann 1996). Systemtheoretisch betrachtet geht es im Kontext der Organisationssteuerung um Anpassungsmechanismen von Organisationen an komplexe Umweltbedingungen. Dies erfordert eine angemessene Berücksichtigung in einer adäquaten Sichtweise der Unternehmung. Vor diesem Hintergrund erweist sich insbesondere die **evolutionäre Theorie** als geeignet, gesellschaftliche Institutionen und die entsprechenden Prozesse ihrer Entwicklung ganzheitlich und systemisch zu erklären (Ivancic 2011). Auf systemischen Grundhaltungen aufbauend, betrachtet der evolutionstheoretische Ansatz der Strategieforschung Unternehmen als Dynamic Stabilities (Boynton 1996), also als nur begrenzt steuerbare, komplexe und dynamische Systeme, weshalb anstelle eines strikt plandeterminierten Managements Versuch-Irrtum-Prozesse zum Einsatz kommen, die gezielte Lernaktivitäten anregen. Wesentliche Forschungsstränge innerhalb dieser Perspektive sind die evolutionäre Führungskonzeption, der St. Galler Ansatz sowie das Konzept der spontanen Ordnung. Die zentrale Aufgabe der Unternehmensführung liegt hierbei im Kontextmanagement, der Schaffung günstiger Rahmenbedingungen sowie der Festlegung des Pfades der Unternehmensentwicklung. Damit wird die Unternehmensevolution durch spezifische Selbstorganisationsprozesse kanalisiert, wobei neben Planung auch Subsysteme der Organisation, Informationsströme und die Unternehmenskultur gleichrangig berücksichtigt werden müssen (Bea und Haas 2019).

So stehen im **St. Galler Management Ansatz** auf normativer Ebene das Unternehmensleitbild, Visionen und Missionen im Zentrum und legitimieren das System mit der Zielsetzung der Sicherstellung dessen Überlebensfähigkeit (Bleicher 2001). Im Wesentlichen geht es also um die Herausarbeitung der Identität, die einen Rahmen als Grundlage für Haltung und Verhalten vorgibt. Aus strategischer Sicht gilt es, mittels Planungsprozessen Erfolgspotenziale zu realisieren und so eine überlegene Wettbewerbsfähigkeit zu sichern, womit Aushandlungsprozesse mit Umweltsphären entscheidend werden. In der operativen Dimension werden durch Planung, Kontrolle und Prozessmanagement der unternehmerische Erfolg sichergestellt und so das Ziel von Wertschöpfung und Wirtschaftlichkeit verfolgt (Bieger 2015).

▶   Der Evolutionary View versteht Unternehmen als lebende, lernende Systeme – **Erfolg entsteht** durch Anpassung, Selbstorganisation und den klugen Umgang mit Unsicherheit.

Der Ansatz fokussiert also auf die prinzipielle Unkalkulierbarkeit von Ereignissen, wodurch eine präzise strategische Planung grundsätzlich limitiert ist (Leontiades 1988). Vor diesem Hintergrund gewinnt das Management des organisationalen Kontexts ebenso an Bedeutung wie die Schaffung günstiger Rahmenbedingungen und die gezielte Entwicklung unternehmerischer Strukturen und Prozesse (Ivancic und Huber 2018).

Literatur

Bea, F.X.; & Haas, J. (2019). *Strategisches Management* 10 Stuttgart: Lucius und Lucius. https://doi.org/10.36198/9783838587530

Bendixen, P. (2006). *Einführung in das Kultur- und Kunstmanagement* (3. Aufl.), Wiesbaden: Verlag für Sozialwissenschaften. https://doi.org/10.1007/978-3-531-90193-0

Bieger, T. (2015). *Das Marketingkonzept im St. Galler Management Modell.* Bern: Haupt.

Bleicher, K. (2001). *Das Konzept Integriertes Management: Visionen – Missionen – Programme* (6. Aufl.), Frankfurt am Main: Campus.

Boynton, A. C. (1996). Information management: Achieving dynamic stability through information technology. In R. Paton, G. Clark, G. Jones, J. Lewis & P. Quintas (Hrsg.), *The New Management Reader* (S. 181–196), London: Routledge.

Burmann, C., & Meffert, H. (2005): Theoretisches Grundkonzept der identitätsorientierten Markenführung. In H. Meffert, C. Burmann & M. Koers (Hrsg.), *Markenmanagement: Identitätsorientierte Markenführung und praktische Umsetzung: Mit Best Practice-Fallstudien* (2. Aufl.) (S. 37–72), Wiesbaden: Gabler.

Day, G. S. (1996). Organizational capability: The capabilities of market-driven organizations. In R. Paton, G. Clark, G. Jones, J. Lewis & P. Quintas (Hrsg.), *The New Management Reader* (S. 145–161), London: Routledge.

Freiling, J. (2001). *Resource-based View und ökonomische Theorie: Grundlagen und Positionierung des Ressourcenansatzes*, Wiesbaden: Gabler. https://doi.org/10.1007/978-3-322-85214-4

Hamel, G., & Prahalad, C. K. (1991). Nur Kernkompetenzen sichern das Überleben. In: *Harvard Business Manager, 13*(2): 66–78.

Hinterhuber, H. H. (1996). Maßstäbe für die Unternehmer und Führungskräfte von morgen. In H. H. Hinterhuber, A. Al-Ani & G. Handlbauer (Hrsg.), *Das Neue Strategische Management: Elemente und Perspektiven einer zukunftsorientierten Unternehmensführung* (S. 33–60), Wiesbaden: Gabler.

Ivancic, R. (2007). *Brand Management Revisted: Integriertes, wertbasiertes, identitäts- und erlebnisorientiertes Markenmanagement in Theorie und Praxis*, Norderstedt: BoD.

Ivancic, R. (2011). The nonhuman (Co)Evolution: Aspekte und Implikationen einer Entwicklung nonhumaner Aktanten aus Perspektive der Evolutionstheorie sowie der Akteur-Netzwerk-Theorie. *Kultursoziologie: Aspekte, Analysen, Argumente: Wissenschaftliche Halbjahreshefte der Gesellschaft für Kultursoziologie, 20*(2): 73–96.

Ivancic, R. (2022a). Knowledge Stewardship 4.0: Grundlagen eines digitalen Wissensmanagements- und leaderships. In K. Wilbers (Hrsg.): *Handbuch E-Learning: Expertenwissen aus Wissenschaft und Praxis – Strategien, Instrumente, Fallstudien: Loseblattwerk*, Köln: Deutscher Wirtschaftsdienst, Beitrag 7.45.

Ivancic, R. (2022b). Normatives, strategisches und operatives Knowledge Stewardship 4.0 Möglichkeiten und Grenzen eines digitalen Wissensmanagements und -leaderships. In K. Wilbers (Hrsg.): *Handbuch E-Learning: Expertenwissen aus Wissenschaft und Praxis – Strategien, Instrumente, Fallstudien: Loseblattwerk*, Köln: Deutscher Wirtschaftsdienst, Beitrag 7.46.

Ivancic, R., & Huber, R. (2018). Normative Unternehmensführung 4.0: Grundsatzkonzeptionen zur Meisterung Digitaler Disruptionen mittels Industrie 4.0-Fitness. In: P. Granig, E. Hartlieb & B. Heiden (Hrsg.), *Mit Innovationsmanagement zur Industrie 4.0: Grundlagen, Strategien, Erfolgsfaktoren und Praxisbeispiele* (S. 139–154), Wiesbaden: Gabler. https://doi.org/10.1007/978-3-658-11667-5_11

Leontiades, M. (1988). Bessere Strategieumsetzung wichtiger als neue Konzepte. In: H. A. Henzler (Hrsg.), *Handbuch Strategische Führung* (S. 849–852), Wiesbaden: Gabler.

Luhmann, N. (1996). Das Erziehungssystem und die Systeme seiner Umwelt. In N. Luhmann & K. E. Schorr (Hrsg.), *Zwischen System und Umwelt: Fragen an die Pädagogik* (S. 14–52), Frankfurt: Suhrkamp.

Meier, H. (1998). *Unternehmensführung: Aufgaben und Techniken des betrieblichen Managements: Unternehmenspolitik, Unternehmensplanung und Controlling, Unternehmensorganisation und Führung*, Berlin: Herne.

Porter, M. E. (1990). *Competitive Strategy. Wettbewerbsstrategie: Methoden zur Analyse von Branchen und Konkurrenten* (6. Aufl.), Frankfurt: Campus.

Reisinger, S., Gattringer, R., & Strehl, F. (2013). *Strategisches Management: Grundlagen für Studium und Praxis*, Hallbergmoos: Pearson.

Rode, V. (2004). *Corporate Branding von Gründungsunternehmen: Der erfolgreiche Aufbau der Unternehmensmarke*, Wiesbaden: Deutscher Universitätsverlag. https://doi.org/10.1007/978-3-322-81810-2

van Well, B. (1996). Ressourcenmanagement in strategischen Netzwerken. In H. H. Hinterhuber, A. Al-Ani & G. Handlbauer (Hrsg.), *Das Neue Strategische Management: Elemente und Perspektiven einer zukunftsorientierten Unternehmensführung* (S. 159–185), Wiesbaden: Gabler.

Als Roter Ozean wird ein bestehender, kompetitiver oftmals reifer Markt bezeichnet, in dem die Spielregeln etabliert und weithin bekannt sind. Differenzierungsgewinne sind kurzlebig und Kostenvorteile imitierbar. Unternehmen konkurrieren direkt um dieselbe (begrenzte) Nachfrage (Korovkin et al. 2023). Vor diesem Hintergrund werden Marktabgrenzungen, also Branchenbestimmungen, Analyse der Wettbewerbsdynamiken und die Entwicklung von Maßnahmen zur Verbesserung relativer Wettbewerbspositionen zentral (Porter 1989). Die Herausforderung besteht darin, sich durch bessere Angebote (Differenzierung) oder v. a. Kostenführerschaft von der Konkurrenz abzuheben.

3.1 Grundlagen des roten Ozeans

Innerhalb des roten Ozeans kann die Varianz unternehmensspezifischer Renditen sowohl durch **industriebezogene Effekte** wie Marktstruktur, Eintrittsbarrieren oder Wettbewerbsintensität (Rumelt 1991) (Abschn. 2.1) als auch durch **firmenspezifische Faktoren** wie bspw. Ressourcen und Fähigkeiten (Barney 1991) (Abschn. 2.2) erklärt werden. Somit ist die Analyse der Branchenstruktur (Abb. 3.1) eine wichtige, aber nicht ausschließliche Erklärung für strategische Performanz.

Rentabilität und strategischer Spielraum werden u. a. durch die **fünf Wettbewerbskräfte** geprägt. Je nachdem wie sich der Einfluss von Lieferanten, Substituten, Kunden, potenziellen Marktbegleitern oder der aktuelle Wettbewerb in der Branche darstellt, ist das Profitpotenzial selbiger einzuschätzen. Die Stärke der Wettbewerbskräfte bestimmt also maßgeblich die Wettbewerbsintensität und beeinflusst damit invers die Erfolgsaussichten. Die Struktur legt demgemäß

R. Ivancic, *Farben des Erfolgs – Ocean-Strategien für Organisationen*, essentials, https://doi.org/10.1007/978-3-658-51878-3_3

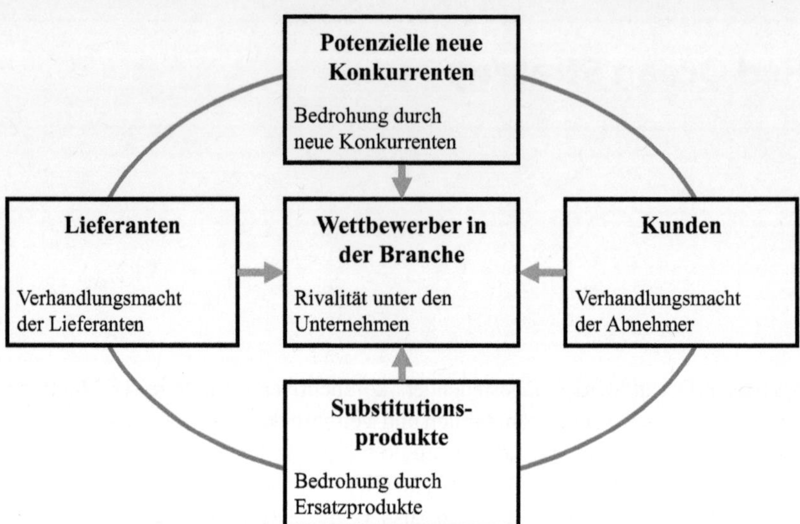

Abb. 3.1 Branchenstrukturanalyse. (Eigene Darstellung in Anlehnung an Porter 1990)

Wettbewerbsregeln und mögliche Unternehmensstrategien fest (Porter 1990). Aus Perspektive des Resource-based View (Abschn. 2.2) begründen heterogene, wertvolle, seltene, nicht leicht imitierbare und organisatorisch nutzbare Ressourcen nachhaltige Wettbewerbsvorteile. Daraus resultiert, dass notwendige Maßnahmen im Rahmen einer Red Ocean-Strategie wie bspw. Prozessoptimierungen, Effizienzsteigerung, Skalierung oder Risiko- und Kostenreduktionen, zugleich Ressourcen und Fähigkeiten aufbauen helfen (Barney 1991; Peteraf 1993). Somit setzt ein erfolgreiches Agieren im Red Ocean organisatorische Fähigkeiten voraus, die operative Exzellenz mit Fähigkeiten zur Re-Konfiguration kombinieren (Teece 2007) und so langfristige Viability (Bleicher 2001) sicherstellen.

Eine belastbare Strategie erfordert Wertschöpfung für einen klar adressierten Kunden, eine maßgeschneiderte Wertkette, durchdachten Umgang mit Trade-offs und Spezifizierung, Kontinuität in der Positionierung sowie leistungsbezogene Evidenz (Iruthayasamy 2021). Zentral sind Effektivität und Effizienz, preisliche Schlagkraft sowie Disziplin in der Exekution. Somit entscheiden **Leistungsfähigkeit** und operative Stringenz über Margen und Überleben im roten Ozean (Korovkin et al. 2023). Kontinuierliche Verbesserungsprozesse (KVP) oder der japanische Managementansatz Kaizen (Imai 1992; Seeli 1994) institutionalisieren Lernen, senken Fehlerquoten und erhöhen so die Ausbringung (Ohno 1988).

Auch dem **Preis** verstanden als **Strategie in Zahlen** kommt eine wesentliche Rolle zu (Helmold 2023). So definiert er die zu erbringende Gegenleistung und legt diese entsprechend fest (Baumgarth 2001). Dabei ist der Preis bei Weitem mehr als ein eindimensionales Konstrukt (Matzler und Pramhas 2004), hat sowohl eine Kommunikations-, Qualitäts-, Kundenbindungs-, Assoziations- und Informationsfunktion (Simon und Janssen 2005) und beeinflusst Kundenzufriedenheit und somit -bindung direkt und zentral (Hinterhuber 2004a). Preispositionierung muss datenbasiert an Elastizitäten, Segmenten und Qualitätswahrnehmung ausgerichtet werden; improvisierte Preisnachlässe gefährden Marge und Marke (Jansen 2022). Wesentlich sind sowohl die Preisbereitschaft der Nachfrager als auch eine angestrebte Preisprämie sowie Wettbewerbs- und Kostenverhältnisse (Ivancic 2007). Hoher Wettbewerbsdruck veranlasst zahlreiche Unternehmen, sich in einem überwiegend preisorientierten Verdrängungswettbewerb zu behaupten (Burmann und Meffert 2005) und mittels Penetrationsstrategie durch relativ niedrige Preise eine rasche Diffusion der Leistungen zu erreichen (Homburg und Krohmer 2003). Durchdachte Preiswürdigkeit (Gröppel 1991) berücksichtigt ebenso Aspekte der Preisdifferenzierung wie Rabatt- und Bonus- bzw. Konditionensysteme. Diese gilt es mittels Kundensegmentierung, Leistungsorientierung, Komplexitätsbegrenzung, Transparenz sowie Einbau angemessener Ermessungsspielräume durchdacht zu konzipieren (Homburg und Daum 1997; Simon et al. 1999).

Red Ocean-Strategie ist somit kein Synonym für Preiswettlauf. Wer die Branchenlogik versteht, Prozesse präzise entstört, Kosten früh im Design verankert, Preise datenfundiert führt und Mikro-Differenzierung bspw. durch modulare Produkte und Services skaliert, kann in bestehenden Märkten robuste Überrenditen erzielen (Korovkin et al. 2023). So verschärft sich typischerweise ein **Widerspruch** zwischen **Kostensenkung** und **Differenzierung**. Höhere Differenzierung treibt F&E-, Prozess- oder Komplexitätskosten, reine Kostensenkung gefährdet die wahrgenommene Einzigartigkeit (Hsiao 2005). Operative Exzellenz, etwa durch Lean, Kaizen (Ritz und Thom 2019), KVP, Six Sigma und Automatisierung, ist im Red Ocean notwendig, aber nicht hinreichend. Sie verbessert die Produktivität, ersetzt aber keine Positionierung (Iruthayasamy 2021).

3.2 Navigation im roten Ozean

Die **idealtypische**, strategische Navigation im Red Ocean erfordert ein systematisches Vorgehen, das die theoretischen Grundlagen der Konkurrenzorientierung berücksichtigt und vor dem Hintergrund eigener Möglichkeiten entsprechende Vorgehensweisen umsetzt.

Zentraler Ausgangspunkt ist eine systematische **Branchen- und Wettbewerbsdiagnose** mit dem Ziel der exakten Abgrenzung der relevanten Marktgeografie, der Identifikation der wesentlichen Wettbewerbskräfte sowie der Ermittlung struktureller Hebel wie Eintrittsbarrieren, Substitutionsrisiken oder Machtpositionen von Lieferanten und Kunden. Nur eine valide Analyse des Marktes erlaubt gezielte Red Ocean-Maßnahmen, etwa in den Bereichen Preisgestaltung, Kapazitätssteuerung oder Vertrieb. Methodisch empfiehlt sich der Einsatz strukturierter Five-Forces-Analysen (Abb. 3.1) kombiniert mit Szenario Modellen, um die strategische Handlungsspielräume realistisch abzubilden (Porter 1989).

Parallel dazu ist ein **Ressourcen- und Fähigkeitsinventar** erforderlich. Erst Erfassung und Bewertung von Kernressourcen – physisch, intellektuell und relational – nach VRIN- (Abschn. 2.2) oder VRIO-Kriterien (Value, Rarity, Imitability, Organization) ermöglicht die Priorisierung jener, die Wettbewerbsvorteile zu schaffen in der Lage sind (Barney 1991; Peteraf 1993).

Ein weiterer Pfeiler ist die Sicherung **operativer Exzellenz**. Dazu zählen Prozessoptimierung, Lean-Management, Reengineering, Qualitätsmanagement und eine schlanke Supply-Chain-Gestaltung. Gleichzeitig muss ein professionelles Kosten- und Preismanagement, idealerweise als Value-based-Pricing (Hinterhuber 2004b), eingeführt werden. Evidenz aus der Praxis zeigt, dass in stark umkämpften Märkten systematische Kosten- und Preissteuerung entscheidend sind, um Cash-Flows zu sichern, während Value-based-Pricing die Ertragskraft erhöht, ohne Margen zu reduzieren (Nagle und Müller 2017). Ein weiterer funktionsübergreifender Ansatz der Erlössteuerung über Segmente, Kanäle und Kapazitäten verbindet Preisgestaltung, Preiselastizität und Total Revenue Management (Helmold 2023). Plankostenrechnung, differenzierte Abweichungsanalyse (Preis, Menge, Intensität, Ausbeute) und Deckungsbeitrags-Programmplanung schärfen die operative Kontrolle (Müller 2025). Überschüssige operative Ressourcen lassen sich systematisch in F&E- oder Innovationspools überführen.

Um kurzfristig auf Wettbewerbssignale reagieren zu können, ist **taktische Reaktionsfähigkeit** unverzichtbar. Stetig aktuelle Monitoring-Systeme, die Preissignale, Kapazitätsänderungen und Bewegungen der Mitbewerber erfassen, sowie definierte Entscheidungsprotokolle für Preis- und Promotionsmaßnahmen verhindern Fehlentscheidungen unter Zeitdruck. So ist die Fähigkeit, Rivalität schnell zu erkennen und zu adressieren, ein Kernmerkmal erfolgreicher Red Ocean-Strategien (Porter 1989).

Zur Stabilisierung und Absicherung der Marktposition sollten **Schutz- und Barrierestrategien** implementiert werden. Diese umfassen Investitionen in schwer imitierbare Prozesse oder Patente, Exklusivverträge mit Lieferanten und Kanälen sowie Plattform- oder Ökosystembildung, um den roten Ozean mittels Black

Ocean-Aktivitäten (Kap. 6) zu schützen. Solche Maßnahmen erhöhen die Vorhersagbarkeit im Wettbewerb und verschaffen Handlungsfreiheit für Preis- und Differenzierungsstrategien. Gleichzeitig ist eine rechtliche und reputationsbezogene Prüfung zwingend erforderlich, um langfristige Risiken zu minimieren (Porter 1989; Barney 1991). Dies gilt auch für einen überbordenden Preisdruck auf Lieferanten oder die Absenkung von Personalkosten.

Schließlich sind **Messung, institutionalisierte Lernschleifen und dynamische Rekonfiguration** zentrale Elemente der Umsetzung. **Key Performance Indikatoren** (KPI) für Qualität, Effizienz, Durchlaufzeiten oder Preistransparenz ermöglichen eine kontinuierliche Anpassung der Ressourcenallokation und Barrierestrategien. Durch diese systematischen Rückkopplungen lassen sich kurzfristige Wettbewerbserfordernisse mit langfristiger Anpassungsfähigkeit verbinden (Teece 2007).

Governance- und Kulturmechanismen unterstützen die nachhaltige Umsetzung aller Maßnahmen. So sollen Incentivierungssysteme operative Zielerfüllung fördern und Entscheidungsrechte schnelle operative Maßnahmen ermöglichen. Durch die konsequente Umsetzung dieser Schritte können Organisationen nicht nur ihre Position im bestehenden Wettbewerb verteidigen, sondern gleichzeitig die Grundlage für zukünftige, innovationsgetriebene Chancen legen.

3.3 Praxisbeispiel: Chancen und Gefahren im roten Ozean

Dies lässt sich an einem der bekanntesten Unternehmen der Welt – The Coca-Cola Company – verdeutlichen. Die Stärke dessen Marktmacht erkennt man bereits daran, dass es maßgeblich die Vorstellungen vom modernen Weihnachtsmann mit rotem Mantel mitgeprägt hat (Ivancic und Zajitschek 2022).

Beispiel

The Coca-Cola Company operiert entlang einer historisch manifestierten Franchise-Logik. So stellt das Unternehmen Konzentrate und Sirupe her, während die eigentliche Produktion, Abfüllung und Distribution vorwiegend durch ein Netzwerk unabhängiger Partner gewährleistet wird. Das Geschäftsmodell trennt also Produktion und Distribution von der eigentliche Markenführung, was eine hohe globale Reichweite, lokalen Marktzugang und prognostizierbare Marge auf Konzentratverkäufe begünstigt. Das Unternehmen vertrieb 2023 mehr als 33 Mrd. Einheiten und erwirtschaftete Nettoerlöse von ca. USD 45,8 Mrd. (The Coca-Cola Company 2023).

Diese Volumina plausibilisieren den strategischen Hebel mit dem Coca-Cola in einem gesättigten Konsumgütersegment im Rahmen einer Red Ocean-Strategie Marktanteile verteidigt. Dabei stehen die Optimierung der Preis-/Mixeinstellungen, Intensivierung der Handelskooperationen mit Retailern, punktuelle Produktvarianz (wie bspw. Geschmacksvarianten) und ein hoher Werbe- sowie Promotionsaufwand zur Sicherung von Regal- und Trennstellungspositionen im Fokus.

Aus betriebswirtschaftlicher Sicht manifestiert sich die Red Ocean-Logik bei Coca-Cola in einem Fokus auf inkrementelle Wertschöpfungsverbesserungen innerhalb einer bestehenden Nachfragearchitektur. Das System ermöglicht simultan globale Markensteuerung und lokal differenziert Distributionsstrategien, während ökonomische Effizienzgewinne häufig über Skaleneffekte, optimierte Materialbeschaffung und Handelskonditionen realisiert werden (The Coca-Cola Company 2025). In der Folge führen Maßnahmen wie Preisdifferenzierung, temporäre Promotion, Bundling-Angebote und kanalbezogene Rabattschemata zu kurzfristig messbaren Umsatz- und Volumeneffekten bei allerdings höheren Werbe- und Vertriebskostenaufwand. Beides ist charakteristisch für Märkte mit hoher Rivalität und relativ unelastischer Produktdifferenzierung. Empirisch lassen sich diese Mechaniken sowohl in Unternehmensverlautbarungen als auch in Branchenreports, die die Konzentration des Marktvolumens und die strukturelle Marktmacht privilegierter Marken herausstellen, zeigen (Euromonitor 2023).

Mittels der Red Ocean-Strategie generiert das System stabile Cashflows und erlaubt eine prioritäre Allokation von Ressourcen in Marketing und Markenpflege. Auch induziert die Verteidigungslogik fortgesetzten Investitions- und Kostenaufwand (insbesondere in Werbung und Handel). Eine Notwendigkeit der Strategie ist die Portfolio-Diversifikation, bei Erreichung struktureller Wachstumsgrenzen des Kernsegments. Dies illustriert das Spannungsfeld zwischen Konzentration auf stetiges Umsatzwachstum und verteidigende Marktbehauptung bei gleichzeitiger Suche nach neuen Wachstumsfelder. ◄

▶ Red Ocean-Strategien sehen Unternehmen als wettbewerbsfähige Akteure in umkämpften Märkten – **Erfolg entsteht** durch operative Exzellenz, penible Ressourcensteuerung und kontinuierliches Lernen und Verbessern.

Wird Erneuerung permanent vernachlässigt, wächst die Gefahr, eine führende Marktposition zu riskieren und Marktanteile zu verlieren. Ein entsprechendes Streben nach neuen Wachstumsmöglichkeiten in potenziell vorhandenen Marktlücken ist zentrales Element eines strategischen Ansatzes, der sich in sog. blauen Ozeanen bewegt.

Literatur

Barney, J. (1991). Firm Resources and Sustained Competitive Advantage. *Journal of Management, 17*(1): 99–120 https://doi.org/10.1177/014920639101700108

Baumgarth, C. (2001). *Markenpolitik: Markenwirkungen – Markenführung – Markenforschung.* Wiesbaden: Gabler.

Bleicher, K. (2001). *Das Konzept Integriertes Management: Visionen – Missionen – Programme* (6. Aufl.), Frankfurt am Main: Campus.

Burmann, C., & Meffert, H. (2005): Managementkonzept der identitätsorientierten Markenführung. In H. Meffert, C. Burmann & M. Koers (Hrsg.), *Markenmanagement: Identitätsorientierte Markenführung und praktische Umsetzung: Mit Best Practice-Fallstudien* (2. Aufl.) (S. 73–114), Wiesbaden: Gabler.

Euromonitor (2023). *World Market for Soft Drinks.* Abgerufen am 12.12.2025 von https://www.euromonitor.com/world-market-for-soft-drinks/report

Gröppel, A. (1991). *Erlebnisstrategien im Einzelhandel.* Heidelberg: Physika.

Helmold, M. (2023). *Total revenue management: Fallstudien, bewährte Praktiken und Einblicke in die Branche.* Cham: Springer. https://doi.org/10.1007/978-3-031-29773-1

Hinterhuber, A. (2004a). Pricing und Kundenzufriedenheit. In H. H. Hinterhuber & K. Matzler (Hrsg.), *Kundenorientierte Unternehmensführung: Kundenorientierung – Kundenzufriedenheit – Kundenbindung* (S. 463–479) (4. Aufl.). Wiesbaden: Gabler.

Hinterhuber, A. (2004b). Towards value-based pricing—An integrative framework for decision making. *Industrial Marketing Management, 33*(8),765–778. https://doi.org/10.1016/j.indmarman.2003.10.006

Homburg, C., & Daum, D. (1997). *Marktorientiertes Kostenmanagement: Kosteneffizienz und Kundennähe verbinden.* Frankfurt am Main: FAZ.

Homburg, C., & Krohmer, H. (2003). *Marketingmanagement: Strategie – Instrumente – Umsetzung – Unternehmensführung.* Wiesbaden: Gabler.

Hsiao, Y.-C. (2005). *Creative solutions from TRIZ for the business contradiction in red ocean strategy. The TRIZ Journal.* Abgerufen am 12.12.2025 von https://the-trizjournal.com/creative-solutions-triz-business-contradiction-red-ocean-strategy/

Imai, M. (1992). *Kaizen: Der Schlüssel zum Erfolg der Japaner im Wettbewerb* (2. Aufl.), München: Langen-Müller.

Iruthayasamy, L. (2021). *Understanding business strategy: Confusion and consensus*. Singapore: Springer. https://doi.org/10.1007/978-981-33-6542-1

Ivancic, R. (2007). *Brand Management Revisted: Integriertes, wertbasiertes, identitäts- und erlebnisorientiertes Markenmanagement in Theorie und Praxis*. Norderstedt: BoD.

Ivancic, R., & Zajitschek S. (2022). Corporate Brand Communication Maturity: Vom Ende des Steigerungsspiels in der Markenkommunikation zur Notwendigkeit einer umfassenden Vermittlung von Sinn. In G. Bentele, M. Piwinger & G. Schönborn (Hrsg.): *Kommunikationsmanagement: Strategien, Wissen, Lösungen: Loseblattwerk*, München: Luchterhand, Beitrag 3.134.

Jansen, H. C. (2022). *Preisstrategien und Produktqualität als Determinanten der Marktdurchdringung: Empirische Untersuchungen auf der Basis von Haushaltspaneldaten und vergleichenden Warentests*. Wiesbaden: Springer. https://doi.org/10.1007/978-3-658-36574-5

Korovkin, V., Golovin, A., Hartwell, C., & Agha, M. H. (2023). *Running a red ocean strategy. Ivey Business Journal*. Abgerufen am 13.02.2026 von https://iveybusinessjournal.com/running-a-red-ocean-strategy/

Matzler, K., & Pramhas, N. (2004). Preiszufriedenheit – Prospect Theory oder Kano-Modell? In H. H. Hinterhuber & K. Matzler (Hrsg.), *Kundenorientierte Unternehmensführung: Kundenorientierung – Kundenzufriedenheit – Kundenbindung* (S. 181–193) (4. Aufl.). Wiesbaden: Gabler.

Müller, D. (2025). *Kosten- und Erlösrechnung: Band 2: Analyse, Management und gerechte Aufteilung*. Wiesbaden: Springer. https://doi.org/10.1007/978-3-658-49320-2

Ohno, T. (1988). *Toyota production system: Beyond large scale production*. Portland: Productivity Press.

Peteraf, M. A. (1993). The Cornerstones of Competitive Advantage: A Resource-Based View. *Strategic Management Journal, 14*(3), 179–191. https://doi.org/10.1002/smj.4250140303

Porter, M. E. (1989). How Competitive Forces Shape Strategy. In: D. Asch & C. Bowman (Hrsg.), *Readings in Strategic Management* (S. 133–143). Palgrave: London. https://doi.org/10.1007/978-1-349-20317-8_10

Porter, M. E. (1990). *Competitive Strategy. Wettbewerbsstrategie: Methoden zur Analyse von Branchen und Konkurrenten* (6. Aufl.), Frankfurt: Campus.

Nagle, T. T., & Müller, G. (2017). *The Strategy and Tactics of Pricing: A Guide to Growing More Profitably* (6. Aufl.). New York: Routledge. https://doi.org/10.4324/9781315185309

Ritz, A., & Thom, N. (2019). *Public Management: Erfolgreiche Steuerung öffentlicher Organisationen* (6. Aufl.). Wiesbaden: Springer. https://doi.org/10.1007/978-3-658-25875-7

Rumelt, R. P. (1991). How much does industry matter? *Strategic Management Journal, 12*(3): 167–185. https://doi.org/10.1002/smj.4250120302

Seeli, P. (1994). KaiZen: Das schrittweise Verändern: Vervollkommnen: Wo der Weg zum Ziel wird. *Index, 4*: 44–45.

Simon, H., & Janssen, V. (2005). Preis als multifunktionales Instrument der Markenführung. In F.-R. Esch (Hrsg.), *Moderne Markenführung: Grundlagen – Innovative Ansätze – Praktische Umsetzungen* (S. 1381–1392) (4. Aufl.). Wiesbaden: Gabler.

Simon, H., Tacke, G., Woscidlo, B., & Laker, M. (1999). Kundenbindung durch Preispolitik. In M. Bruhn & C. Homburg (Hrsg.), *Handbuch Kundenbindungsmanagement: Grundlagen – Konzepte – Erfahrungen* (S. 237–253) (2. Aufl.). Wiesbaden: Gabler.

Teece, D. J. (2007). Explicating Dynamic Capabilities: The Nature and Microfoundations of (Sustainable) Enterprise Performance. *Strategic Management Journal, 28*(13), 1319–1350. https://doi.org/10.1002/smj.640

The Coca-Cola Company (2023). *Coca-Cola Reports Fourth Quarter and Full-Year 2023 Results: Investor Relations.* Abgerufen am 12.12.2025 von https://investors.coca-colacompany.com/news-events/press-releases/detail/1101/coca-cola-reports-fourth-quarter-and-full-year-2023-results

The Coca-Cola Company (2025). *The Coca-Cola System.* Abgerufen am 12.12.2025 von https://www.coca-colacompany.com/about-us/coca-cola-system

Blue Ocean Strategy 4

Während im Roten Ozean Gegebenheiten innerhalb einer Branche als deterministisch betont werden, nehmen Blue Ocean-Strategien eine rekonstruktivistische Perspektive ein, die Marktgrenzen selbst zum Gegenstand strategischer Gestaltung macht (Butt 2024). Anstatt in bestehenden Märkten zu konkurrieren, fokussiert der Ansatz auf die strategische Schaffung neuer, nicht oder nur gering besetzter Marktbereiche. Dabei steht die Idee einer **Value Creation bzw. Value Innovation** im Zentrum, die darauf abzielt, durch Differenzierung hohen Kundennutzen zu generieren, wodurch die Konkurrenz irrelevant werden soll (Kim und Mauborgne 1997, 2005a, 2015). Studien zeigen, dass solche Methoden häufig, allerdings nicht immer, mit überdurchschnittlichem Umsatz- und Profitwachstum einhergehen. Positive Effekte hängen mit Vorgehensweisen, Organisationsfähigkeiten, Marktbedingungen und dem Zeitfenster bis zur Imitation zusammen (Hajar et al. 2021; Lindič et al. 2012). Empirische Befunde deuten darauf hin, dass selbst wenn kein vollständiger blauer Ozean entsteht, durch solche Vorgehensweisen Marktperformance und Innovationskultur signifikant gestärkt werden (Okanga 2018).

4.1 Grundlagen des blauen Ozeans

Um die Strategie des blauen Ozeans erfolgswahrscheinlicher umsetzen zu können, kommen **Werkzeuge**, wie bspw. Strategie Canvas (Blueocean 2025), das Four-Actions-Framework oder auch ERRC-Grid (Eliminate, Reduce, Raise, Create) zur Anwendung. Weitere Ansätze zielen darauf ab, bestehende Marktgrenzen hinsichtlich bspw. Branchen-, Funktions- oder Zeitaspekten zu rekonstruieren (Kim und Mauborgne 2005a). Um dabei eine möglichst breite Abstützung strategischer

© Der/die Autor(en), exklusiv lizenziert an Springer Fachmedien Wiesbaden GmbH, ein Teil von Springer Nature 2026
R. Ivancic, *Farben des Erfolgs – Ocean-Strategien für Organisationen*, essentials, https://doi.org/10.1007/978-3-658-51878-3_4

Aktivitäten zu realisieren, wird eine kombinierte Vorgehensweise wie bspw. historische Fallanalyse, systematische Nichtkundenanalyse (zur Erkennung latenter Nachfrage), prototypische Tests (Pilotmärkte) u. Ä. empfohlen (Kim und Mauborgne 2005a, b).

Notwendige **Bedingung** hierfür ist die Schaffung organisationaler Räume, die erst Innovation und Wissensaustausch ermöglichen (Ivancic 2021). Die Generierung und Entwicklung von Wissen innerhalb von Organisationen setzt Freiheitsgrade voraus, die sowohl zeitlicher als auch räumlicher Natur sind. Solche Spielräume ermöglichen redundante Strukturen und damit die notwendige Flexibilität, um Lernprozesse und Innovationsfähigkeit zu fördern. Somit können Unternehmen, neue Chancen identifizieren und nutzen. Dieses Maß an Freiraum, das in der Organisationsforschung häufig unter dem Begriff des **Organizational Slack** gefasst wird, bildet eine zentrale Bedingung für unternehmerische Leistungsfähigkeit sowie für die Entstehung neuen Wissens (Bao et al. 2019). Slacks sind dabei *„resources in excess of what is needed for the normal efficient operation of an organization"* (Bourgeois 1981, S. 34). Die wissenschaftliche Diskussion unterscheidet verschiedene Dimensionen und Typen. Während einige Ansätze eindimensional vorgehen und den Fokus auf die Art der Ressourcen legen – etwa finanzieller oder personeller Spielraum – plädieren die meisten Studien für ein multidimensionales Verständnis (Meyer und Leitner 2018). Strukturelle Redundanzen und lose Koppelungen zwischen Organisationseinheiten gelten in diesem Kontext als zentrale Voraussetzung für Anpassungsfähigkeit, Veränderungsbereitschaft und organisationales Lernen.

Empirische wie theoretische Arbeiten verweisen dabei übereinstimmend auf eine **nichtlineare Beziehung** zwischen Slack und organisationaler Performance. Ein moderates Niveau an Slack wirkt innovations- und lernförderlich, während sowohl ein Übermaß als auch ein Mangel kontraproduktiv sind. Diese Annahme wird häufig als umgekehrt U-förmiger Zusammenhang (Abb. 4.1) beschrieben (Ramandi et al. 2020; Bourgeois 1981). Ein Zuviel an Slack kann ineffizienten Ressourceneinsatz begünstigen (Pazzetto et al. 2020) und zur Trägheit von Organisationen beitragen. Aus dem Market-based View der strategischen Unternehmensführung (Abschn. 2.1) ergibt sich die Annahme, dass übermäßige Pufferstrukturen die Reaktionsfähigkeit auf externe Schocks schwächen, Anpassungsdruck mindern und damit Innovationsprozesse hemmen. Der hierdurch entstehende Verlust an Umwelt-Fit fördert Selbstzufriedenheit und Priorisierung wenig relevanter Prestigeprojekte, während risikobehaftete, potenziell innovationsfördernde Initiativen unterbleiben. Aus der komplementären Perspektive des Resource-based View (Abschn. 2.2) wird Slack hingegen als treibende Kraft organisationaler Innovation verstanden. Überschüssige Ressourcen wirken als Schutzpuffer gegenüber externen

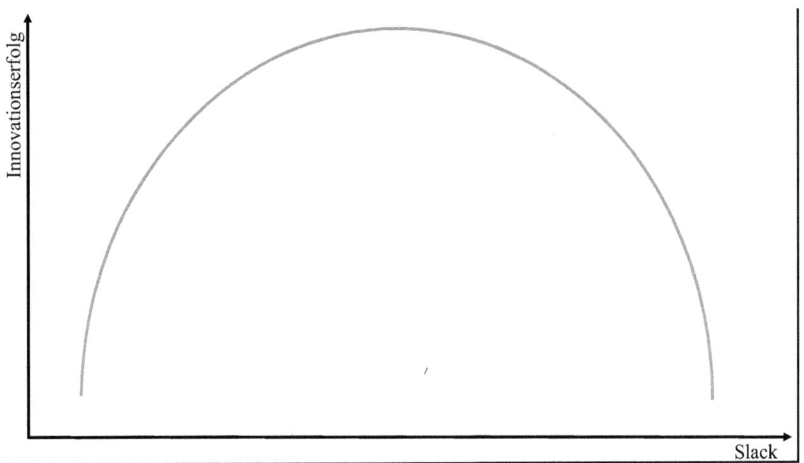

Abb. 4.1 Innovationserfolg und Slack. (Eigene Darstellung in Anlehnung an Bourgeois 1981)

Turbulenzen, eröffnen Räume für Experimente und ermöglichen kalkuliertes Risikoverhalten. Sie schaffen damit die Grundlage, um auf Basis stabiler Strukturen proaktiv neue strategische Optionen zu entwickeln und zu erproben (Ramandi et al. 2020).

Die Blue Ocean-Strategie hat sich seit ihrer Entstehung rasch als populäre Managementidee etabliert. Aus wissenschaftlicher Sicht werden teils Selektionsbias in Fallbeispielen, fehlende Gegenfaktoren sowie die Gefahr, dass der Blaue Ozean eine Management-Mode sein könnte, kritisiert (Madsen und Slåtten 2019).

4.2 Navigation im blauen Ozean

Die Navigation im blauen Ozean vollzieht sich **idealtypisch** über fünf konzeptionelle Phasen, wobei jede Phase sowohl spezielle Praktiken als auch bestimmte Organisationsvoraussetzungen erfordert und Risiken birgt.

So geht es in einem ersten Schritt um die Definition des Gegenstands der strategischen Innovation sowie das Hinterfragen und Neuskizzieren bestehender Marktgrenzen. Bei dieser **Diagnose und Grenzrekonstruktion (Scoping und Framing)** kann als Instrument ein brancheninternes Strategie Canvas ebenso zur Anwendung kommen, wie eine Nichtkunden-Segmentierung. Auch sind Analysen der Wettbewerbsfaktoren im Markt (Kap. 3) sowie das Hinterfragen etablierter

Marktannahmen einsetzbar. Wesentliche Erfolgsvoraussetzungen sind Ressourcen, Offenheit für Perspektivenwechsel sowie eine Führung die Ambiguität zulässt (Kim und Mauborgne 2005b).

Im Zentrum der zweiten Phase steht die Herausarbeitung einer strategischen Vision zu einem konkreten Angebot, das wertvolle Differenzierung aufweist. Dabei soll im Rahmen dieser **Konzeptbildung (Value-Innovation-Design)** Wertschöpfung aus einem simultanen Re-Design von Nutzen, Preis und Kosten resultieren und (potenzielle) Kunden früh adressieren (Dvorak und Razova 2018). In der Umsetzung gilt es hierzu strategische Hypothesen z. B. mittels des ERRC-Grids zu formulieren und Pilotsegmente für deren Validierung zu definieren. Wichtige Prinzipien sind die Rekonstruktion von Marktgrenzen, die Betonung des großen Bildes, das Hinausgreifen über die bestehende Nachfrage, die richtige Ordnung der strategischen Sequenz (Nutzen, Preis, Kosten und Adaption), das Überwinden von Hürden sowie die Integration der Ausführung (Kim und Mauborgne 2015; Mamula Nikolić et al. 2024; Premsuk 2025). Notwendige Voraussetzung für eine entsprechende Umsetzung sind Datenkompetenz, Forschungs- und Entwicklungs-Know-how sowie Kapazitäten, Investitionsbereitschaft und organisationale Freiräume.

Im Anschluss sollen kleine, kontrollierte Experimente durchgeführt werden, die Risiken reduzieren helfen und Feedback ermöglichen. So ist es mittels **Experimentierens, Pilotierens und Skalierens** möglich, Imitations- und Marktrisiken zu reduzieren und entwickelte Hypothesen zu verifizieren. Anwendbare Methoden reichen dabei von Minimum Viable Products, A/B-Pricing Tests, Kanalexperimenten bis hin zur Evaluierung der Adoptions-Geschwindigkeit. In diesem Zusammenhang anzuführende Erfolgsfaktoren sind eine agile Organisation mit entsprechenden Monitoring- und Feedbackstrukturen sowie schnelle Adaptionsfähigkeiten (Leavy 2018).

Mittels **Organisationsarchitektur und Implementationsmechanik** müssen notwendige Strukturen und Mechanismen sowie angestoßene Initiativen nachhaltig verankert werden. Dabei ist es wesentlich interne und externe Promotoren zu gewinnen und Organisationsmitglieder zu Beteiligten und Strategiemittragenden zu entwickeln. Mögliche Ansatzpunkte hierzu sind die Schaffung autonomer Einheiten, die sich auf Blue Ocean-Projekte konzentrieren, der Schutz von Innovationsressourcen und geistigem Eigentum sowie die Etablierung von schnellen Lernzyklen (Ivancic 2022a, b) und eine überlegte Balance zwischen Neuerung und Stabilität (Kim und Mauborgne 2005a).

Im letzten Schritt ist sicherzustellen, dass strategische Ausrichtungen nicht nur kurzfristige Erfolgspotenziale realisieren, sondern Stabilität, Beständigkeit und Verteidigungsfähigkeit aufweisen (**Nachhaltigkeit, Imitationsschutz und Per-**

formance Monitoring). Nachhaltiger Erfolg bedarf demnach Schutzmechanismen bestehend aus Schutz eigener Kompetenzen, rascher Skalierung und kontinuierlicher Erneuerung. Als erfolgsversprechende Maßnahmen dienen die Einführung und laufende Messung von **KPI** (wie bspw. Marktanteil, Marge, Customer Lifetime Value), die detaillierte Beobachtung des Marktes, um frühe Signale zu identifizieren sowie rechtliche Schutzmöglichkeiten. Dabei soll eine Blue Ocean Strategy als wiederholbare Such- und Lernheuristik verstanden werden. Sobald ein blauer Ozean erkundet wurde, beginnt die nächste Iteration (Okanga 2018; Butt 2024).

Blue Ocean-Maßnahmen beinhalten demnach nicht inkrementelle Verbesserungen, sondern stellen häufig ganze Wertschöpfungsketten und Ökosysteme in Frage und gestalten diese neu. Aufgrund des latenten Risikos von Blue Ocean-Ansätzen, empfiehlt es sich allerdings, diese mit weiteren Grundstrategien (Kap. 3 oder Kap. 6) zu kombinieren.

4.3　Praxisbeispiel: Chancen und Gefahren im blauen Ozean

Die Strategie lässt sich mittels des Cirque du Soleil illustrieren, der weltweite Berühmtheit durch seine innovativen Shows, die klassische Zirkuskünste mit Theater, Musik und bildender Kunst auf einzigartige Weise verbinden, erreichte. Sein Erfolg basiert auf kreativer Inszenierung, kontinuierlicher künstlerischer Innovation und der Schaffung unvergesslicher, emotionaler Erlebnisse für das Publikum.

Beispiel

Dem **Cirque du Soleil** gelang es systematisch ein neues Marktsegment zu schaffen. Dabei wurden im Duktus eines Blue Ocean-Ansatzes die klassischen Parameter des Wettbewerbs im Zirkussektor überdacht. Traditionelle, allerdings auch kostentreibende Komponenten wie bspw. Tiernummern wurden reduziert bis eliminiert und aus anderen kulturellen Dimensionen, wie u. a. Design, Narration, musikalische Komposition, Ästhetik, Elemente integriert und verstärkt. So bildet der Cirque du Soleil ein prominentes Beispiel der ERRC Blue Ocean-Methodik. Aus ökonomischer Sicht konnte ein Lösungsbündel mit höherem wahrgenommenem Wert geschaffen werden, das sich mittels Preispremium am Markt positioniert und eine neue Nachfrage generiert, anstatt mit Mitbewerbern zu konkurrenzieren (Kim und Mauborgne 2004, 2015).

In den Jahren vor 2020 verzeichnete das Unternehmen substanzielle Umsätze im hohen dreistelligen Millionen-, bis niedrigem Milliardenbereich, wurde international breit rezipiert und konnte eine Marktdurchdringung vorweisen, die klassische Zirkusunternehmen nicht erreichten. Covid-19 als exogener Schock stellte das Geschäftsmodell allerdings vor große Herausforderungen (Reuters 2020), die von einer induzierten Insolvenzanmeldung bis hin zur anschließenden Reorganisation reichten. Dies verdeutlicht auch, dass die Robustheit von Wertinnovationen von finanzieller Resilienz und dem Umgang mit Risiken abhängig ist.

Blue Ocean-Ansätze können durch radikale Re-Kategorisierung von Angebotsdimensionen erhebliche Vorteilseffekte generieren, ihre langfristige Stabilität setzt jedoch eine Governance-Architektur voraus, die verschiedene Risiken adressiert (z. B. diversifizierte Produktlinien, skalierbare Vertriebsformen, digitale Zusatzangebote). Die entsprechende Management-Agenda umfasst Investitionen in Markenführung, Schutzmechanismen für künstlerische Ressourcen sowie Liquiditäts- und Kreditmanagement als Puffer gegen systemische Marktstörungen (Kim und Mauborgne 2004). ◄

▶ Blue Ocean-Strategien sehen Unternehmen als kreative Pioniere neuer Märkte – **Erfolg entsteht** durch innovative Wertschöpfung, gezielte Experimente und nachhaltige Absicherung gegen Imitation.

So bietet beispielsweise auch eine klare Positionierung hinsichtlich relevanter Dimensionen der Nachhaltigkeit einen potenziellen Differenzierungseffekt. Wird deren Notwendigkeit allerdings durch führende Industrienationen zunehmend verneint, verliert solch eine Green Ocean-Strategie potenziell an Relevanz.

Literatur

Bao, G., Zhang, W., Xiao, Z., & Hine, D. (2019). Slack resources and growth performance: The mediating roles of product and process innovation capabilities. *Asian Journal of Technology Innovation, 28*(1), 60–76. https://doi.org/10.1080/19761597.2019.1700383

Blueocean (2025). *Strategy CANVAS*. Aufgerufen am 8.10.2025 von https://www.blueoceanstrategy.com/tools/strategy-canvas

Bourgeois, L. J. (1981). On the measurement of organizational slack. *Academy of Management Review, 6*(1), 29–39. https://doi.org/10.5465/amr.1981.4287985

Butt, M. A. (2024). Blue Ocean Strategy: Thesis and Antithesis. *International Journal of Business and Management, 19*(6), 199–208. https://doi.org/10.5539/ijbm.v19n6p199

Dvorak, J. & Razova, I. (2018). Empirical Validation of Blue Ocean Strategy Sustainability in an International Environment. *Foundations of Management, 10*(1), 143–162. https://doi.org/10.2478/fman-2018-0012

Hajar, M. A., Alkahtani, A. A., Ibrahim, D. N., Darun, M. R., Al-Sharafi, M. A., & Tiong, S. K. (2021). The Approach of Value Innovation towards Superior Performance, Competitive Advantage, and Sustainable Growth: A Systematic Literature Review. *Sustainability, 18*. (13), Nr. 10131 https://doi.org/10.3390/su131810131

Ivancic, R. (2021). Human Resources Management für Innovation: Ausgewählte Ansatzpunkte innovationsfördernden Personalmanagements. In S. Laske, A. Orthey & M. J. Schmid (Hrsg.), *PersonalEntwickeln: Das aktuelle Nachschlagewerk für Praktiker: Loseblattwerk*, Köln: Deutscher Wirtschaftsdienst, Beitrag 4.114.

Ivancic, R. (2022a). Knowledge Stewardship 4.0: Grundlagen eines digitalen Wissensmanagements und -leaderships. In K. Wilbers (Hrsg.): *Handbuch E-Learning: Expertenwissen aus Wissenschaft und Praxis – Strategien, Instrumente, Fallstudien: Loseblattwerk*, Köln: Deutscher Wirtschaftsdienst, Beitrag 7.45.

Ivancic, R. (2022b). Normatives, strategisches und operatives Knowledge Stewardship 4.0 Möglichkeiten und Grenzen eines digitalen Wissensmanagements und -leaderships. In K. Wilbers (Hrsg.): *Handbuch E-Learning: Expertenwissen aus Wissenschaft und Praxis – Strategien, Instrumente, Fallstudien: Loseblattwerk*, Köln: Deutscher Wirtschaftsdienst, Beitrag 7.46.

Kim, W. C., & Mauborgne, R. (1997). Value innovation: The strategic logic of high growth. *Harvard Business Review, 75*(2), 102–112.

Kim, W. C., & Mauborgne, R. (2004). Blue Ocean Strategy: Competing in overcrowded industries is no way to sustain high performance. The real opportunity is to create blue oceans of uncontested market space. *Harvard Business Review, 82*(10), 76–84.

Kim, W. C., & Mauborgne, R. (2005a). Blue Ocean Strategy: From Theory to Practice. *California Management Review, 47*(3), 105–121. https://doi.org/10.1177/000812560504700301

Kim, W. C., & Mauborgne, R. (2005b). Value innovation: A leap into the blue ocean. *Journal of Business Strategy, 26*(4): 22–28. https://doi.org/10.1108/02756660510608521

Kim, W. C., & Mauborgne, R. (2015). *Blue Ocean Strategy, Expanded Edition: How to Create Uncontested Market Space and Make the Competition Irrelevant*. Boston: Harvard Business Review Press.

Leavy, B. (2018). Value innovation and how to successfully incubate blue ocean initiatives. *Strategy & Leadership, 46*(3): 10–20. https://doi.org/10.1108/SL-02-2018-0020

Lindič, J., Bavdaž, M., & Kovačič, H. (2012). Higher growth through the Blue Ocean Strategy: Implications for economic policy. *Research Policy, 41*(5), 928–938. https://doi.org/10.1016/j.respol.2012.02.010

Madsen, D. Ø., & Slåtten, K. (2019). Examining the Emergence and Evolution of Blue Ocean Strategy through the Lens of Management Fashion Theory. *Social Sciences, 8*(1), Nr. 28. https://doi.org/10.3390/socsci8010028

Mamula Nikolić, T., Kralj, S., & Milovanović, M. (2024). Blue Ocean Strategy & sustainable growth – Case study how to play to win. In STED (Hrsg.), *XIII International Conference on Social and Technological Development, Proceedings* (S. 107–118). Banja Luka: University PIM.

Meyer, M., & Leitner, J. (2018). Slack and innovation: The role of human resources in non-profits. *Nonprofit Management and Leadership, 29*(2), 181–201. https://doi.org/10.1002/nml.21316

Okanga, B. (2018). Leveraging market performance using Blue Ocean strategies. *Innovation & Strategic Management Review, 1*(1), 52–76.

Pazzetto C. F., Mannes, S., & Beuren, I. M. (2020). Influence of Control Systems and Slack Time on Process Innovation. *Revista de Administração Mackenzie, 21*(3), 1–27. https://doi.org/10.1590/1678-6971/eRAMR200147

Premsuk, S. (2025). The school administration based on the Blue Ocean Strategy. *Journal of Education and Innovation, 27*(1), 308–325. https://doi.org/10.71185/jeiejournals.v27i1.278160

Ramandi, B., Guermat, C., & Mellahi, K. (2020). The effect of downsizing on innovation outputs: The role of resource slack and constraints. *Australian Journal of Management, 46*(2), 346–365. https://doi.org/10.1177/0312896220970609

Reuters (2020). *Cirque du Soleil emerges from bankruptcy protection.* Abgerufen am 27.11.2025 von https://www.reuters.com/article/business/cirque-du-soleil-emerges-from-bankruptcy-protection-idUSKBN284312

Green Ocean Strategy 5

Die Green Ocean-Strategie definiert **Nachhaltigkeit** als **integralen Bestandteil der Wertschöpfungskette**. Im Fokus steht die Gestaltung von Märkten, die ökologische und soziale Verantwortung mit ökonomischem Erfolg verbinden. Sie transformiert marktöffnende Innovationen in dauerhaft tragfähige Wertschöpfung, gestützt auf Wissensdemokratisierung, ko-evolutionäre Führungskonzepte und (digitale) Bewertungsrahmen. Entsprechend gilt es bestehende Strukturen zu hinterfragen und durch nachhaltige Innovationen neue Nachfragepotenziale zu erschließen.

5.1 Grundlagen des grünen Ozeans

Eine theoretische Basis diesbezüglicher Überlegungen liegt in der Kombination marktstrategischer Überlegungen mit Nachhaltigkeitszielen. Organisationen haben somit einen zusätzlichen Hebel, um ihre Mission und Vision weiterzuentwickeln, indem nachhaltige Werte in Geschäftsstrategien integriert werden (Markopoulos et al. 2020). Dadurch wird Nachhaltigkeit vom Add-on zur strategischen Kernlogik von Planung, Steuerung und Berichterstattung (Dathe et al. 2024).

Dementsprechend empfiehlt es sich eine **Responsible Corporate Governance** zu etablieren. Diese verankert Verantwortung und Ethik auf oberster Führungsebene und betrachtet Unternehmen als gestaltbare Systeme, deren Identität durch Werte geprägt ist (Ivancic 2023). Sie schafft langfristige Wettbewerbsvorteile und sichert Überlebensfähigkeit, indem ethisches, moralisches Handeln zur Unter-

© Der/die Autor(en), exklusiv lizenziert an Springer Fachmedien Wiesbaden GmbH, ein Teil von Springer Nature 2026
R. Ivancic, *Farben des Erfolgs – Ocean-Strategien für Organisationen*, essentials, https://doi.org/10.1007/978-3-658-51878-3_5

scheidung von Wettbewerbern beiträgt. „*(T)he ethical corporate will give a contribution to corporate identity as well as to firm performance and the uniqueness of its ethical stances will distinguish it from its rivals*" (Zali und Ismail 2014, S. 1219). Gute Governance ist zudem Grundlage für soziale, ökologische und finanzielle Nachhaltigkeit (Agbata et al. 2022; Ziniuk et al. 2022). Es geht um die Integration von Regeln, Verantwortung und Legitimität in die Unternehmensführung (Meyer und Maier 2020; Wiederhold 2008). Corporate Governance schafft einen Rahmen, der Rechtmäßigkeit, ethisches Handeln und Stakeholder-Interessen sichert (Hilb 2016; Welge und Eulerich 2012).

Der damit verbundene **Corporate Purpose** institutionalisiert Sinngebung und Werte als Grundlage unternehmerischer Identität (Ivancic 2023, 2024a). Sinnsysteme, Leitideen, Vision und Mission definieren den Zweck, orientieren Entscheidungen und legitimieren Handeln. Eine **Corporate Integration** schafft Balance zwischen ökologischen, sozialen, technischen und ökonomischen Interessen (Ivancic und Huber 2018; Ivancic 2024b). Anspruchsgruppen inkl. Surrogate Stakeholder werden identifiziert, analysiert und priorisiert, um legitime Bedürfnisse zu harmonisieren. Letztendlich verankert eine **Corporate Culture** Verantwortung im Handeln und schafft Rahmenbedingungen für nachhaltige Werteorientierung (Doppler und Lauterburg 1996; Würth 2004). Diese wird über Strukturen, Verhaltensnormen und Human Resources entwickelt und kontinuierlich kultiviert. Sie ermöglicht Sinnstiftung, Orientierung, Motivation und koordiniert die organisationalen Wirklichkeitskonstruktionen (Ivancic und Camozzi 2016; Ivancic 2024c).

Solch ein Vorgehen führt auf operativer Ebene zu Innovation, die neben ökonomischen, auch ökologische und soziale Vorteile generiert und somit die bekannten **ESG-Kriterien** (Environmental, Social, Governance) auf strategischer (Abb. 5.1) realisiert.

Zentraler Aspekt und Notwendigkeit des Green Ocean-Ansatzes ist u. a. die Demokratisierung von Wissen innerhalb der Organisation.

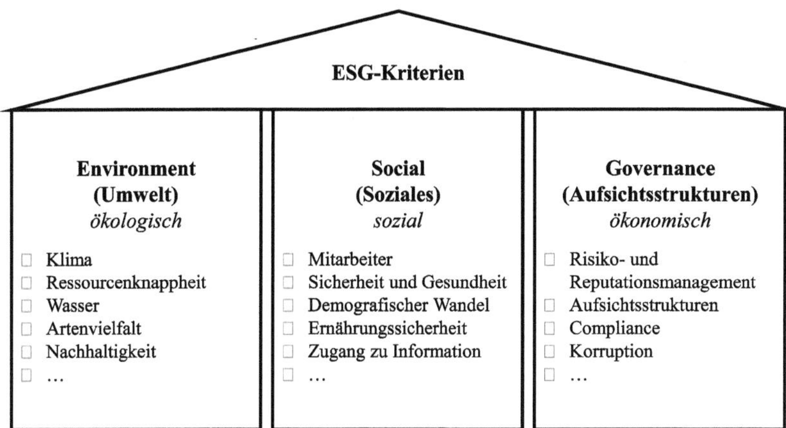

Abb. 5.1 Beispielhafte Übersicht ESG-Kriterien. (Eigene Darstellung in Anlehnung an Syed 2017)

5.2 Navigation im grünen Ozean

So ist die Mobilisierung des organisationalen, intellektuellen Kapitels (Ivancic 2021) eine wesentliche Voraussetzung, um innovative und nachhaltige Strategien entwickeln zu können. Notwendig hierzu ist die Förderung einer offenen und inklusiven Unternehmenskultur, die Kreativität und Zusammenarbeit begünstigt (Markopoulos et al. 2020). Auch empfiehlt es sich, nachhaltige Geschäftsmodell-Archetypen zu entwickeln, die sowohl Kostenvorteile als auch Differenzierungseffekte erzeugen können. Am Beispiel von Universitäten zeigen Al-Filali et al. 2023, dass die Integration von Nachhaltigkeitszielen in Geschäftsmodelle zu einer Optimierung finanzieller Ressourcen führt und der Sicherung langfristiger finanzieller Nachhaltigkeit dient. Zwecks **praktischer Navigation** im grünen Ozean empfiehlt sich wiederum ein strukturierter Ansatz, der **idealtypische** Realisierungsschritte gliedern hilft.

So gilt es in einem ersten Schritt im Rahmen eines **Green-Readiness-Audits** die Bereitschaft der Organisation für nachhaltige Veränderungen zu bewerten. Die gezielte Verknüpfung von grünen Ansätzen mit den Prinzipien der Blue Ocean Strategy – insbesondere den vier Aktionsfeldern Eliminieren, Reduzieren, Steigern und Kreieren – ermöglicht eine **fundierte Positionierung von Produkten und Dienstleistungen** anhand überprüfbarer und rückverfolgbarer **Nachhaltigkeitsleistungen.** Operativ bedeutet das u. a. die Integration nachhaltiger Wertschöpfungsketten, Circular-Economy-Designs, nachhaltiger Geschäftsmodell-innovationen und demokratischer Organisationsformen, die kollektive Wissens-mobilisierung fördern. Der ESG-Ansatz kann als zentrales Steuerungskonzept fungieren, um Nachhaltigkeitsprinzipien in strategische und operative Prozesse zu überführen (Eccles et al. 2014; Friede et al. 2015). Unternehmen mit einer hohen ESG-Integration weisen empirisch geringere Risiken und höhere Innovations-fähigkeit auf, stehen jedoch vor Herausforderungen der Standardisierung und Nachweisführung (Kraft et al. 2024; SEC 2023). Untersuchungen im industriellen Sektor zeigen, dass diese Herangehensweise die Wirksamkeit nachhaltigkeits-orientierter Marktstrategien signifikant erhöht und Unternehmen neue Differenzierungspotenziale erschließt (Hamoody und Hussein 2020; Ny-gaard 2024).

Anschließend sollten schrittweise **Investitionen und Pilotprojekte mit Stake-holdern** initiiert werden, um Risiken zu minimieren und die Transition zu nach-haltigen Praktiken zu unterstützen (Markopoulos et al. 2020). Vorsicht ist insbe-sondere dahingehend geboten, Aktivitäten ehrlich und transparent umzusetzen und sich auch der Grenzen nachhaltiger Praktiken bewusst zu sein. Eine Übertreibung und faktenunabhängige positive Darstellung des eigenen Engagements ist kontra-produktiv und kann zu Greenwashing-Vorwürfen führen, die die Gefahr eines lang-fristigen Reputationsschadens mit sich bringen (Kraft et al. 2024).

Ein weiterer wichtiger Aspekt ist die **Integration von Technologie** in nach-haltige Geschäftsstrategien (Kap. 8). Insbesondere Digitalisierung und ökologische Transformation prägen derzeit die Unternehmenslandschaft (PwC 2025; Retief et al. 2016). Die Kombination von Internet of Things und Künstlicher Intelligenz (KI) kann Unternehmen dabei helfen, ressourceneffiziente Innovationen zu fördern und in ressourcenbegrenzten Umfeldern kosteneffiziente umzusetzen (Aqmala et al. 2025). Technologien ermöglichen die systematische Erhebung und Analyse von ESG-Daten und tragen zu Effizienz- und Innovationsgewinnen bei.

Green Ocean-Strategien entfalten Wirkung, wenn **Green Marketing** (Preis, Produkt, Kommunikation, Place/Supply Chain) **konsequent Lebenszyklus- und Kreislaufprinzipien folgt**. Transparenz, verlässliche Zertifizierungen und technik-gestützte Nachweise sind erforderlich, um Greenwashing zu vermeiden (Nygaard 2024). Die Empirie zeigt, dass grüne Marketingdimensionen (Abfallvermeidung, Produkt-Neudefinition, Preis-Kosten-Transparenz, Profitabilität) Blue Ocean-Prin-zipien unterstützen und so die Brücke zwischen Marktinnovation und Umwelt-leistung schlagen (Hamoody und Hussein 2020).

So bietet der grüne Ozean Organisationen eine strategische Orientierung, um Nachhaltigkeit als Wettbewerbsvorteil zu nutzen. Durch die Kombination von nachhaltigen Innovationsprozessen, einer demokratischen Unternehmenskultur und dem Einsatz moderner Technologien können Organisationen erfolgreich navigieren. Auf diese Art und Weise werden Märkte erschlossen, die Wettbewerb irrelevant machen und gesellschaftlichen Nutzen maximieren (Markopoulos et al. 2020).

5.3 Praxisbeispiel: Chancen und Gefahren im grünen Ozean

Patagonia, Inc. gilt als Vorreiter nachhaltiger Unternehmensführung. Das Unternehmen verfolgt konsequent ökologische und soziale Verantwortung, integriert Umweltschutz in alle Geschäftsprozesse und setzt auf innovative, nachhaltige Produkte. Damit dient es als Beispiel, wie Unternehmen ökologisches Engagement mit wirtschaftlichem Erfolg verbinden können.

Beispiel

Als Green Ocean-Ansatz nutzt **Patagonia, Inc.** Nachhaltigkeit als strategischen Differenzierungshebel (Seitz und Koller 2024). Ökologische, soziale und ökonomische Verantwortung dient nicht einem Aktivismus, als Public Relations-Instrument oder gar Greenwashing, sondern ist als normative Geschäftsgrundlage institutionalisiert. Diese starke Verzahnung von Purpose und Geschäftsbetrieb findet sich sowohl in der Unternehmensvision, programmatischen Initiativen oder der Unternehmenskommunikation. Die Eigentumsübertragung durch den Gründer 2022 zugunsten einer übergeordneten Zweck- und Umweltstiftung, die zur dauerhaften Zweckbindung der Unternehmensgewinne führen soll, stellt eine Institutionalisierung des Nachhaltigkeitsanspruchs auf Governance-Ebene dar. Als experimentelle Form der Unternehmensverfassung sollen dabei Renditeziele mit expliziten Umweltzwecken verknüpft werden (Kohli 2022). Unternehmensverlautbarungen, Nachhaltigkeitsberichte sowie Medien- und Fachberichterstattung belegen diese Maßnahmen (Patagonia 2025).

Die ökonomische Logik dieser Green Ocean-Positionierung materialisiert sich innerhalb von zwei Dimensionen. So transformiert glaubwürdige Nachhaltigkeit die Preis- und Wertwahrnehmung bestimmter Kundensegmente und kann zu höherer Zahlungsbereitschaft und gesteigerter Kundenloyalität führen. Auf der anderen Seite eröffnet sie regulatorische und kollektive Legitimationsvorteile, die Markteintrittsbarrieren für weniger nachhaltige Wettbewerber erhöhen können.

Allerdings gehen mit Green Ocean-Strategien teils auch betriebswirtschaftliche Spannungen einher. So liegt einer Anti-Wachstums-Kommunikation die Gefahr der Auslösung paradoxaler Nachfrageeffekte inne, während die integrierte Realisierung einer emissions- und ressourcenarmen Wertkette substanzielle Investitionen in Beschaffung, Produktdesign und Rücknahme- bzw. Reparaturinfrastruktur erfordert. Eine empirische Evidenz für den erstgenannten Effekt bei Patagonia liefern bestätigende Fallbefunde zur Wirkung einzelner Initiativen wie bspw. die mediale Breitenwirkung der Black-Friday-Kampagne *„Don't Buy This Jacket"* von 2011 (Neren 2012). ◄

▶   Green Ocean-Strategien sehen Unternehmen als nachhaltige Innovatoren – **Erfolg entsteht** durch ökologische Wertschöpfung, inklusive Unternehmenskultur und den gezielten Einsatz moderner Technologien.

Gelingt die nachhaltige Gestaltung eines Geschäftssystems werden einzigartige Wettbewerbsvorteile wahrscheinlicher und es können Barrieren aufgebaut werden. Dies kann als Black Ocean-Strategie allerdings auch nicht nur durchwegs positive Effekte auf verschiedene Stakeholdergruppen zeitigen.

Literatur

Agbata, A. E., Egolum, P. U., Offia, A. C., & Okoye, N. J. (2022). Corporate Governance and firm sustainability in the emerging economy: A literature review. *Corporate Governance and Sustainability Review, 6*(4), 33–43. https://doi.org/10.22495/cgsrv6i4p3

Al-Filali, I. Y., Abdulaal, R. M. S., & Melaibari, A. A. (2023). A Novel Green Ocean Strategy for Financial Sustainability (GOSFS) in Higher Education Institutions: King Abdulaziz University as a Case Study. *Sustainability, 15*(9), Nr. 7246. https://doi.org/10.3390/su15097246

Aqmala, D., Panjaitan, R., Ardyan, E., & Putra, F. I. F. S. (2025). The role of green blue ocean strategy in enhancing frugal innovation through IoT and AI: A resource-based view perspective. *Journal of Entrepreneurship, Management and Innovation, 21*(2), 56–81. https://doi.org/10.7341/20252124

Dathe, T., Helmold, M., Dathe, R., & Dathe, I. (2024). *Implementing Environmental, Social and Governance (ESG) Principles for Sustainable Businesses: A Practical Guide in Sustainability Management*. Cham: Springer. https://doi.org/10.1007/978-3-031-52734-0

Doppler, K., & Lauterburg, C. (1996). *Change Management: Den Unternehmenswandel gestalten* (5. Aufl.). Campus Verlag, München.

Eccles, R. G., Ioannou, I., & Serafeim, G. (2014). The impact of corporate sustainability on organizational processes and performance. *Management Science, 60*(11), 2835–2857. https://doi.org/10.1287/mnsc.2014.1984

Friede, G., Busch, T., & Bassen, A. (2015). ESG and financial performance: Aggregated evidence from more than 2000 empirical studies. *Journal of Sustainable Finance & Investment, 5*(4), 210–233. https://doi.org/10.1080/20430795.2015.1118917

Hamoody, W. H., & Hussein, H. M. (2020). The contributing role of the green marketing dimensions in supporting the blue ocean strategy principles: An Exploratory Study of the Opinions of a Sample of Managers in Altameem Diary Plant. In *Proceedings of the 1st International Multi-Disciplinary Conference Theme: Sustainable Development and Smart Planning (IMDC-SDSP 2020)*. EAI. https://doi.org/10.4108/eai.28-6-2020.2297877

Hilb, M. (2016). *Integrierte Corporate Governance: Ein neues Konzept zur wirksamen Führung und Aufsicht von Unternehmen* (6. Aufl.). Wiesbaden: Gabler.

Ivancic, R. (2021). Human Resources Management für Innovation: Ausgewählte Ansatzpunkte innovationsfördernden Personalmanagements. In S. Laske, A. Orthey & M. J. Schmid (Hrsg.), *PersonalEntwickeln: Das aktuelle Nachschlagewerk für Praktiker: Loseblattwerk*, Köln: Deutscher Wirtschaftsdienst, Beitrag 4.114.

Ivancic, R. (2023). Corporate Responsible Governance: Verantwortungsvolle Unternehmenssteuerung als umfassender Ansatz mit Impact. In G. Bentele, M. Piwinger & G. Schönborn (Hrsg.): *Kommunikationsmanagement: Strategien, Wissen, Lösungen: Loseblattwerk*, München: Luchterhand, Beitrag 1.73.

Ivancic, R. (2024a). Formulierung eines Corporate Purpose in der Bekleidungsindustrie. *Open Eduction Platform for Management Schools*, Nr. 407. https://doi.org/10.25938/oepms.407

Ivancic, R. (2024b). Möglichkeiten einer Corporate Integration in der Getreidetechnologie. *Open Education Platform for Management Schools*, Nr. 408. https://doi.org/10.25938/oepms.408

Ivancic, R. (2024c). Kultivierung einer Corporate Culture im Inhouse-Consulting. *Open Education Platform for Management Schools*, Nr. 409. https://doi.org/10.25938/oepms.409

Ivancic, R., & Camozzi, M. (2016). High End braucht starke Wurzeln: Innengerichtetes Corporate Brand Management als entscheidender Erfolgsfaktor im High-End-Marketing. *Marketing Review St. Gallen, 33*(5), 16–25.

Ivancic, R., & Huber, R. (2018). Normative Unternehmensführung 4.0: Grundsatzkonzeptionen zur Meisterung Digitaler Disruptionen mittels Industrie 4.0-Fitness. In: P. Granig, E. Hartlieb & B. Heiden (Hrsg.), *Mit Innovationsmanagement zur Industrie 4.0: Grundlagen, Strategien, Erfolgsfaktoren und Praxisbeispiele* (S. 139–154). Wiesbaden: Gabler. https://doi.org/10.1007/978-3-658-11667-5_11

Kohli, A. (2022). *Why Patagonia's Billionaire Founder Just Gave Away His Company*. Abgerufen am 20.12.2025 von https://time.com/6213780/patagonia-founder-chouinard-climate

Kraft, M. H. G., Ivancic, R., & Nertinger, S. (2024). *Greenwashing: Wirkungsvolle Ansätze zur Identifikation und Vermeidung*. Wiesbaden: Springer Gabler. https://doi.org/10.1007/978-3-658-44744-1

Markopoulos, E., Kirane, I.S., Piper, C., Vanharanta, H. (2020). Green Ocean Strategy: Democratizing Business Knowledge for Sustainable Growth. In T. Ahram, W. Karwowski, S. Pickl, & R. Taiar (Hrsg.), *Human Systems Engineering and Design II: IHSED 2019: Advances in Intelligent Systems and Computing, vol 1026* (S. 115–125). Springer Cham. https://doi.org/10.1007/978-3-030-27928-8_19

Meyer, M., & Maier, F. (2020). Corporate Governance in Non-Profit-Organisationen: Verständnisse und Entwicklungsperspektiven. In T. Beschorner, A. Brink, B. Hollstein, M. C. Hübscher & O. Schumann (Hrsg.), *Wirtschafts- und Unternehmensethik* (S. 1001–1013). Wiesbaden: Springer. https://doi.org/10.1007/978-3-658-16205-4_84

Neren, U. (2012). Patagonia's Provocative Black Friday Campaign. *Harvard Business Review, 90*(11), 28–29.

Nygaard, A. (2024). *Green Marketing and Entrepreneurship.* Cham: Springer. https://doi.org/10.1007/978-3-031-50333-7

Patagonia (2025). *Patagonia.* Abgerufen am 20.12.2025 von https://www.patagonia.com/home/

PwC (2025). *Megatrends: Five global shifts reshaping the world we live in.* Aufgerufen am 3.11.2025 von https://www.pwc.com/gx/en/issues/megatrends.html

Retief, F.; Bond, A.; Pope, J.; Morrison-Saunders, A.; & King, N. (2016). Global megatrends and their implications for environmental assessment practice. *Environmental Impact Assessment Review, 61*, 52–60. https://doi.org/10.1016/j.eiar.2016.07.002

SEC (2023). *Deutsche Bank Subsidiary DWS to Pay $25 Million for Anti-Money Laundering Violations and Misstatements Regarding ESG Investments.* Aufgerufen am 3.11.2025 von https://www.sec.gov/newsroom/press-releases/2023-194

Seitz, J., & Koller, L. (2024). Das Patagonia-Dilemma: Angewandte Fallstudie zu Herausforderungen von Nachhaltigkeit und Profitabilität. *Open Education Platform for Management Schools*, Nr. 411. https://doi.org/10.25938/oepms.411

Syed, A. M. (2017). Environment, social, and governance (ESG) criteria and company performance. *Cogent Business & Management, 4*(1), Nr. 1340820. https://doi.org/10.1080/23311975.2017.1340820

Welge, M. K., & Eulerich, M. (2012). *Corporate-Governance-Management: Theorie und Praxis der guten Unternehmensführung*, Wiesbaden: Gabler.

Wiederhold, P. (2008). *Segmentberichterstattung und Corporate Governance: Grenzen des Management Approach*, Wiesbaden: Gabler. https://doi.org/10.1007/978-3-8350-5587-2

Würth, R. (2004). Unternehmensethik und Unternehmenskultur als Schlüssel zum Erfolg. In A. Brink, O. Karitzki & T. Bausch (Hrsg.), *Unternehmensethik in turbulenten Zeiten: Wirtschaftsführer über Ethik im Management* (S. 223–238). Bern: Haupt, Bern.

Zali, N. A., & Ismail, A. G. (2014). The Creation of Corporate Ethical Identity from the Perspective of Intangible Assets. *Middle-East Journal of Scientific Research, 21*(8), 1219–1225.

Ziniuk, M., Dyeyeva, N., Bogatyrova, K., Melnychenko, S., Fayvishenko, D., & Shevchun, M. (2022). Digital Transformation of Corporate Governance. *Financial and Credit Activity: Problems of Theory and Practice, 46*(5), 300–310. https://doi.org/10.55643/fcaptp.5.46.2022.3807

Black Ocean Strategy 6

Die Black Ocean Strategy ist ein oftmals **opportunistisches, strategisches Konzept**, das insbesondere in **extremen Krisen- oder Überlebenssituationen** von Organisationen angewendet wird. Sie zeichnet sich durch unorthodoxe, risikobehaftete Entscheidungen aus, die sowohl legale als auch illegale, ethische oder unethische Elemente beinhalten können. So stehen anstatt wettbewerbsbezogener Überlegungen oder langfristigen Wachstums eher kurzfristige Lösungen aber auch unkonventionelle Allianzen, temporäre Regelbrüche oder opportunistische Marktzugänge im Zentrum.

6.1 Grundlagen des schwarzen Ozeans

Diese Überlebensstrategie zielt darauf ab, organisatorische Probleme frühzeitig zu erkennen und erfolgreich zu lösen, um im Markt weiterhin bestehen zu können. Entsprechende Ansätze helfen also dabei akute Herausforderungen zu überwinden und kurzfristige Erholungsphasen zu erzielen. So werden in existenziellen Krisen, durch eine bewusste Veränderung institutioneller Spielregeln Handlungs- und Marktvorteile, ggf. unter Inkaufnahme von Grenzverletzungen erzwungen (Aithal und Suresh Kumar 2015). Diese konzeptionelle Grenzlage macht Black Ocean-Strategien wissenschaftlich relevant und praktisch heikel. Einerseits legen sie analytisch offen, dass **Markt- und Regulierungsarchitekturen strategische Variablen** sind, andererseits treten in der Praxis hohe **Sanktions- und Reputationsrisiken** auf (Aithal et al. 2015). So ist kritisch zu bedenken, dass solche Maßnahmen institutionelle Implikationen nach sich ziehen können, die über unmittelbare Ef-

© Der/die Autor(en), exklusiv lizenziert an Springer Fachmedien Wiesbaden GmbH, ein Teil von Springer Nature 2026
R. Ivancic, *Farben des Erfolgs – Ocean-Strategien für Organisationen*, essentials, https://doi.org/10.1007/978-3-658-51878-3_6

fekte hinausgehen (z. B. langfristige Stigmatisierung) – Befunde, die in der Krisenforschung systematisch thematisiert werden (Bundy et al. 2017).

Ein zentraler Aspekt der Strategie ist die organisationale Fähigkeit, in Krisenzeiten schnell zu handeln und Entscheidungen zu treffen, die in normalen Zeiten möglicherweise nicht akzeptabel wären. Dies erfordert eine hohe Flexibilität, Risikobereitschaft und den Mut, bestehende Normen und Standards zu hinterfragen. Aufgrund der damit einhergehenden Risiken sollen Black Ocean-Vorgehensweisen nur in **Ausnahmefällen** und unter a priori klar definierten Bedingungen und Entwicklungen angewendet werden. Solche Voraussetzungen sind bspw. die Bedrohung der Existenz (die Organisation steht vor der Gefahr der Insolvenz oder des Scheiterns), Gefahr des Verlusts großer Investitionen, erhebliche operative und strategische Probleme oder ungewöhnliche Chancen, also einmalige Gelegenheiten, die genutzt werden können. Als notwendige interne Voraussetzungen gelten bspw. interne Tragfähigkeit, opportunes externes Umfeld sowie die **Black Ocean Strategy als letzte Option** (Aithal und Suresh Kumar 2015). Empirische Fallstudien wie bspw. in der thailändischen Logistik- oder Gebrauchtwagenbranche belegen die Praxisrelevanz in spezifischen Kontexten und zeigen typische Auslöser und Wirkungsweisen auf (Nithisathian 2016; Nithisathian et al. 2020).

Als wissenschaftliche Basis verdeutlichen bereits das Gefangenen-Dilemma als auch der Market for Lemons Ansatz, wie asymmetrische Informationen und strategische Unsicherheiten zu suboptimalen Marktergebnissen führen. Ein **Market for Lemons** bringt zum Ausdruck, dass Märkte versagen können, da Verkäufer besser über die Qualität ihrer Produkte informiert sind als Käufer. Dieses Informationsgefälle führt dazu, dass letztere nur einen Durchschnittspreis anbieten, der die Unsicherheit über die Produktqualität reflektiert. Hochwertige Produkte werden dadurch aus dem Markt verdrängt, während minderwertige Produkte (Lemons) verbleiben, was zu einem strukturellen Marktversagen führt (Akerlof 1970). Dieses Prinzip zeigt, wie ungleiche Informationsstände direkte wirtschaftliche Konsequenzen haben (Collins und Isaac 2012).

Das **Gefangenendilemma** (Abb. 6.1) beschreibt ein Szenario, in dem zwei Akteure unabhängig entscheiden, ob sie kooperieren oder defektieren, wobei die individuelle Rationalität kollektiven Nachteil nach sich ziehen kann. Obwohl Kooperation für beide Akteure vorteilhaft wäre, wählen sie oft die Defektion, da die Unsicherheit über das Verhalten des anderen Akteurs das Risiko erhöht. Dieses Modell verdeutlicht, wie strategische Interdependenz zu Marktdefekten führt, wenn Koordination unmöglich oder unsicher ist (Collins und Isaac 2012).

Beide Mechanismen zielen innert der Black Ocean-Strategie u. a. darauf ab, bestehende Märkte zu kontrollieren, indem **Zugänge für externe Wettbewerber eingeschränkt** und **interne Ökosysteme stabilisiert** werden. Marktbegleiter

Spieler A / Spieler B	kooperiert	defektiert
kooperiert	Beide erhalten mittleren Gewinn (pareto-optimal)	A verliert stark B gewinnt stark
defektiert	A gewinnt stark B verliert stark	Beide verlieren (Nash-Gleichgewicht)

Abb. 6.1 Gefangenendilemma. (Eigene Darstellung in Anlehnung an Axelrod 1984)

werden dabei oft eliminiert oder umgangen und es wird versucht den **Markt abzuschotten**. Damit ist die Abriegelung oder Schließung eines Marktes vor Konkurrenz, oft durch Maßnahmen, die den Marktzugang erschweren oder verhindern gemeint. Dies kann durch protektionistische Politik (z. B. Zölle, Quoten oder Regulierungen), monopolistische Praktiken von Unternehmen oder diskriminierende Vergabeverfahren geschehen. Durch geschlossene Plattformen oder Netzwerke können Unternehmen sich in eine vorteilhafte Ausgangssituation bringen. Mechaniken wie die Beeinflussung von Regelsetzung, die Orchestrierung von (geschlossenen) Ökosystemen, die Steuerung von Marktzutritten oder die Nutzung von Datenvorteilen, tauchen in der digitalen Plattform- und Datenökonomie legitim auf, werden jedoch regulatorisch und wettbewerbspolitisch eingehegt (Steffen et al. 2021; Jaekel 2017). Im Wettbewerbsrecht, wie in der Europäischen Union (EU), wird Marktabschottung kritisch betrachtet, da sie fairen Wettbewerb behindert und zu höheren Preisen für Verbraucher führen kann.

6.2   Navigation im schwarzen Ozean

Aufgrund des damit einhergehenden hohen Risikos erfordert ein **idealtypisches** Navigieren im schwarzen Ozean einen dementsprechend **vorsichtigen und strukturieren Ansatz**. So werden explizite Entscheidungsregeln, ein ABCD-Analyse-Framework (Advantages, Benefits, Constraints, Disadvantages) sowie dokumentierte Ausstiegsbedingungen im Vorgehen empfohlen. Auch liefert die ABCD-Perspektive ein konsistentes Argument gegen eine institutionalisierte Black Ocean-Ausrichtung – je häufiger die Wiederholung entsprechender Maßnahmen, desto höher die Wahrscheinlichkeit schwerer Nebenfolgen (Aithal et al. 2015; Nithisathian et al. 2020). Empirische Studien unterstreichen die Bedeutung klarer Kriterien für Legitimität und Risikoabwägung.

Risiken und potenzielle Folgen von Entscheidungen gilt es dementsprechend vollständig zu verstehen und zu berücksichtigen. So muss in einem ersten Schritt eine **fundierte Situationsanalyse** durchgeführt und dabei akute Herausforderungen und Bedrohungen, die die Existenz der Organisation gefährden, identifiziert sowie Ziele antizipiert werden.

Darauf basierend sind **unorthodoxe, risikobehaftete und kurzfristige Strategien** (inkl. Lobbying und Beeinflussung bis hin zur Korruption) zu erarbeiten und auszuwählen, die darauf abzielen, die unmittelbaren Probleme der Organisation zu lösen. **Lobbying** kann dabei sowohl im Black Ocean-Ansatz als auch in der Rückkehr zu weniger riskanten Strategien sowie der Reputationssicherung eine Rolle spielen. In Verbindung mit **Gatekeeping** ist es ein zentrales Instrument, das Unternehmen nutzen, um ihre Marktposition zu sichern und Wettbewerb zu kontrollieren. Während Lobbying als gezielte Einflussnahme auf politische Entscheidungsträger verstanden wird (Hirsch et al. 2022), bezeichnet Gatekeeping den Prozess der Informationsfilterung und -kontrolle, der bestimmt, welche Informationen in den politischen Diskurs oder an andere Marktteilnehmer gelangen (Shoemaker und Vos 2009). Durch gezieltes Lobbying können Unternehmen somit regulatorische Hürden für sich selbst abbauen und gleichzeitig den Markteintritt für potenzielle Wettbewerber erschweren. Gatekeeping geht über die reine Informationskontrolle hinaus und umfasst die Fähigkeit, den Zugang zu Ressourcen und Entscheidungsprozessen zu steuern. Unternehmen, die in der Lage sind, diesen zu kontrollieren, können ihre Interessen effektiver durchsetzen und den Wettbewerb in ihrem Sinne beeinflussen. Beide Praktiken dienen Organisationen dazu, ihre Marktposition zu stärken und Wettbewerb zu kontrollieren. Die Fähigkeit, sowohl Einfluss auf politische Entscheidungsträger zu nehmen als auch Marktressourcen zu kontrollieren, verschafft Unternehmen einen erheblichen strategischen Vorteil. So ermöglichen diese Mechanismen die Schaffung stabiler, wettbewerbsarmer Marktstrukturen durch strategische Einflussnahme auf politische und regulatorische Prozesse bspw. zur Steuervermeidung, zur Druckausübung auf Genehmigungen und Kooperationen oder (zumindest temporär) zur Schaffung monopolähnlicher Situationen (Aithal et al. 2015).

Im Rahmen einer **Implementierungs- und Monitoring-Phase** gilt es die entwickelten Maßnahmen unter Wahrung absoluter Geheimhaltung umzusetzen und engmaschig zu überwachen, um sicherzustellen, das gewünschte Effekte erzielt werden.

Auch die Entwicklung eines **klaren Exit-Plans**, der die Abwendung von der Black Ocean-Strategie und die Rückkehr zu ethischeren und nachhaltigeren Geschäftsmodellen ermöglicht, sobald die akuten Krisen überwunden sind, ist ebenso wesentlicher Bestandteil des Prozesses wie die dezidierte Nicht-Wiederholung der Maßnahme. So wirkt eine Black Ocean-Strategie kurzfristig, darf allerdings nicht zur wiederkehrenden Routine werden (Aithal und Suresh Kumar 2015). Unternehmen sollten daher stets die Sicherstellung mittel- und langfristiger Integrität und Ethik im Blick haben und Black Ocean-Aktivitäten nur im Bedarfsfall und zeitlich begrenzt umsetzen (Bundy et al. 2017). Damit einher geht die Implementierung von Governance-Mechanismen, die u. a. Compliance-Checks, die Sicherstellung der rechtlichen Konformität und die Entwicklung von Reputations-Contingency-Plänen, um die langfristige Integrität der Organisation zu gewährleisten, umfassen (Aithal und Suresh Kumar 2015). Die Krisenforschung betont zusätzlich, dass Umgang und Kommunikation mit Stakeholdern sowie organisationales Lernen zentrale Faktoren für Reputationswiederherstellung und langfristige Resilienz sind.

6.3 Praxisbeispiel: Chancen und Gefahren im schwarzen Ozean

Große Unternehmen der IT-Branche versuchen Grundlagen einer Black Ocean-Ausrichtung teils als Langfriststrategie anzulegen. Sie nutzen direkte und indirekte Netzwerkeffekte, Skalen- und Verbundvorteile sowie algorithmische Lernkurven, um Konzentrationstendenzen zu verstärken, Lock-ins zu erzeugen und Gatekeeper-Positionen zu festigen (Steffen et al. 2021).

Beispiel

Dabei geht es um die Herausbildung von dominanten, geschlossenen Ökosystemen, die sich exemplarisch am Beispiel großer Technologieplattformen wie bspw. **Apple Inc.**, **Amazon.com, Inc.** oder **Google LLC.** illustrieren lassen. Diese Unternehmen bemühen sich sog. Multi-Sided-Platforms, Geschäftsmodelle, die zwei oder mehr unterschiedliche, voneinander unabhängige Nutzergruppen miteinander verbinden, zu etablieren. Die Plattformen sind ihrerseits durch starke Netzwerkeffekte, die Kontrolle kritischer Zugangsschnittstellen (z. B. App-Vertriebskanäle, Zahlungsinfrastrukturen, Suchzugänge) und die Fähigkeit, Interoperabilität selektiv zu steuern, gekennzeichnet. In Konsequenz entwickeln potenziell mehrere Teilnehmende starke Abhängigkeiten gegenüber dem Anbieter. Black Ocean-Phänomene resultieren somit nicht nur aus Marktmechaniken, sondern ebenso aus institutionellen Machtkonstellationen.

Aus volkswirtschaftlicher Perspektive führen geschlossene Ökosysteme zu sinkender Wettbewerbsintensität in den kontrollierten Infrastruktursegmenten, zu erhöhten Wechselkosten und mitunter zu systemischen Innovationsbarrieren für Drittparteien, während Plattformbetreiber ihrerseits durch Monopol- oder Oligopolrenten stabilisiert werden. Aus Sicht der Verbraucherwissenschaften ist dem mittels Transparenz, Fairness in Algorithmen und Datensouveränität, um Machtasymmetrien und Intransparenz zu begrenzen, entgegenzuwirken (Kenning et al. 2021).

Regulierungsbehörden versuchen dies umzusetzen, indem Regeln implementiert werden, die entsprechende Pflichten und Verbote für identifizierte Gatekeeper kodifizieren. Ein Beispiel hierfür ist der EU Digital Markets Act (DMA 2022; EUR-Lex 2022). Neben Regulierungsinitiativen, die ex-ante Verhaltensauflagen formulieren und versuchen einen freien Wettbewerb zu schützen, belegen Gerichtsverfahren ökonomische Effekte des Gatekeeper-Modells. So hat bspw. das Verfahren von Epic Games gegen Apple normative und operationelle Fragen über die Zulässigkeit von Exklusivitätsklauseln, App-Store-Provisionen und Anti-Steering-Regelungen verhandelt (Justia 2023; Scarcella 2025). ◄

▶   Black Ocean-Strategien begreifen Unternehmen als Überlebensakteure in extremen Krisensituationen – **Erfolg entsteht** durch unkonventionelles Handeln, radikale Entscheidungsbereitschaft und adaptive Krisenresilienz.

Wie dieses und vorhergenannten Beispiele (Abschn. 3.3, Abschn. 4.3 und Abschn. 5.3) zumindest implizit nahelegen, kommen ausgeführte Ocean-Strategien nur selten in ihrer Reinform vor. Vielmehr lassen sich verschiedenste Mischformen innerhalb realer Märkte identifizieren. So kann ein multinationales Konsumgüterunternehmen Red Ocean-Verteidigungslogiken auf Kernmärkten betreiben, gleichzeitig Blue Ocean-Experimente verfolgen, Green Ocean-Initiativen zur Differenzierung einsetzen und durch Lobbying versuchen Black Ocean-Vorteile zu realisieren.

Literatur

Aithal, P. S., & Suresh Kumar, P. M. (2015). Black Ocean Strategy: A probe into a new type of strategy used for organizational success. *GE-International Journal of Management Research, 3*(8), 45–65. https://doi.org/10.5281/zenodo.163423

Aithal, P. S., Shailashree, V. T., & Suresh Kumar, P. M. (2015). Application of ABCD analysis model for Black Ocean Strategy. *International Journal of Applied Research, 1*(10), 331–337. https://doi.org/10.5281/zenodo.163424

Akerlof, G. A. (1970). The Market for Lemons Quality Uncertainty and the Market Mechanism. *The Quarterly Journal of Economics, 84*(3), 488–500. https://doi.org/10.2307/1879431

Axelrod, R. (1984). *The Evolution of the Cooperation*, New York: Basic Books

Bundy, J., Pfarrer, M. D., Short, C. E., & Coombs, W. T. (2017). Crises and crisis management: Integration, interpretation, and research development. *Journal of Management, 43*(6), 1661–1692. https://doi.org/10.1177/0149206316680030

Collins, S. M., & Isaac, R. M. (2012). Holdout: Existence, Information, and Contingent Contracting. *The Journal of Law and Economics, 55*(4), 793–814.

DMA (2022). *Digital Markets Act (DMA) Legislation.* Abgerufen am 20.12.2025 von https://digital-markets-act.ec.europa.eu/legislation_en

EUR-Lex (2022). *Document 32022R1925: Regulation (EU) 2022/1925 of the European Parliament and the Council.* Abgerufen am 20.12.2025 von https://eur-lex.europa.eu/eli/reg/2022/1925/oj/eng

Hirsch, A. V., Kang, K., Montagnes, B. P., & You, H. Y. (2022). Lobbyists as Gatekeepers: Theory and Evidence. *The Journal of Politics, 84*(3), 1294–1308. https://www.journals.uchicago.edu/doi/10.1086/723026

Jaekel, M. (2017). *Die Macht der digitalen Plattformen: Wegweiser im Zeitalter einer expandierenden Digitalsphäre und künstlicher Intelligenz.* Wiesbaden: Springer. https://doi.org/10.1007/978-3-658-19178-8

Justia (2023). *Epic Games, Inc. v. Apple Inc., No. 21-16506 (9th Cir. 2023).* Abgerufen am 20.12.2025 von https://law.justia.com/cases/federal/appellate-courts/ca9/21-16506/21-16506-2023-04-24.html

Kenning, P., Oehler, A., & Reisch, L. A. (Hrsg.). (2021). *Verbraucherwissenschaften: Rahmenbedingungen, Forschungsfelder und Institutionen* (2. Aufl.). Wiesbaden: Springer. https://doi.org/10.1007/978-3-658-29935-4

Nithisathian, K. (2016). Black Ocean Strategy: Empirical Research. *Pacific Business Review International, 9*(2), 107–115.

Nithisathian, K., Takala, J., Srisuk, T., Cai, Y., Goerlich, M., & Daengrasmisopon, T. (2020). The Black Ocean Strategy in Thailand Logistic Industry: The case study of used car sector. *Acta Logistica, 7*(1), 39–47. https://doi.org/10.22306/al.v7i1.158

Scarcella, M. (2025). *US judge rules Apple violated order to reform App Store.* Abgerufen am 20.12.2025 von https://www.reuters.com/sustainability/boards-policy-regulation/us-judge-rules-apple-violated-order-reform-app-store-2025-04-30/

Shoemaker, P. J., & Vos, T. P. (2009). *Gatekeeping Theory,* New York: Routledge. https://doi.org/10.4324/9780203931653

Steffen, N., Wiewiorra, L., & Kroon, P. (2021). *Wettbewerb und Regulierung in der Platt-form- und Datenökonomie* (WIK-Diskussionsbeitrag Nr. 481). Abgerufen am 13.02.2026 von https://www.wik.org/fileadmin/user_upload/Unternehmen/Veroeffentlichungen/Diskus/2022/WIK_Diskussionsbeitrag_Nr_481.pdf

Hybrid Ocean-Strategien vereinen Wettbewerbs-, Innovations- und Nachhaltigkeitslogiken, um Organisationen in dynamischen Kontexten handlungsfähig zu machen. Unterschiedliche Kombinationen vorgestellter Strategien (Kap. 3, 4, 5 und 6) führen so zu neuen Farbenspielen (Abb. 7.1) des Ozeans.

Diese Farbenspiele jenseits klassischer und teils idealtypischer Wettbewerbskonzepte helfen Organisationen dabei **pragmatischer** und **realitätsnäher** auf unterschiedliche Markt- und Kontextbedingungen erfolgreich zu reagieren bzw. diese proaktiv zu gestalten.

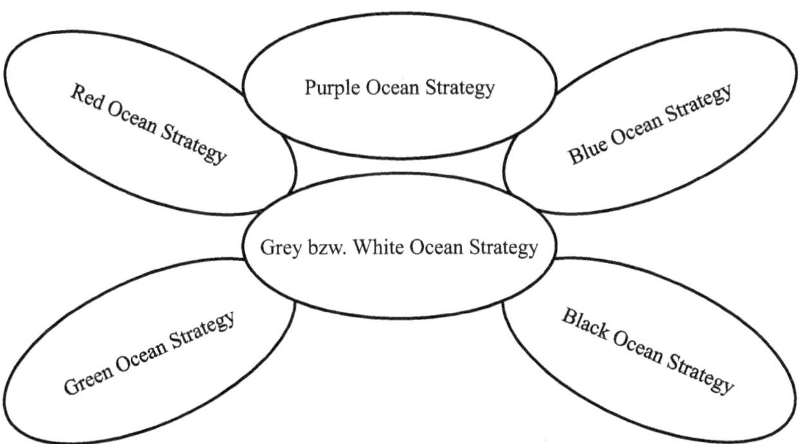

Abb. 7.1 Farben des Erfolgs. (Eigene Darstellung)

R. Ivancic, *Farben des Erfolgs – Ocean-Strategien für Organisationen*, essentials, https://doi.org/10.1007/978-3-658-51878-3_7

7.1   Purple Ocean Strategy

Strategien des violetten Ozeans werden überwiegend als Hybrid zwischen kompetitiven Wettbewerbsstrategien (Kap. 3) und radikalen Marktveränderungsansätzen (Kap. 4) beschrieben und dabei die Effizienz- und Verteidigungsmechanismen wettbewerbsintensiver Märkte mit Expansions- und Wertkreationsansätzen kombiniert. Organisationen behalten Teile ihres bestehenden, **umkämpften Kerngeschäfts** bei, entwickeln parallel dazu allerdings systematisch **neue Angebote**, **Geschäftsmodelle** oder **Marktsegmente** (Gandellini und Venanzi 2011; Scarlat und Panduru 2021), womit differente Logiken in dieser Mischzone simultan wirken (Cavagnetto und Gahir 2013).

Die **Empirie** zeigt, dass erfolgreiche Blue Ocean-Ansätze meist innerhalb recht kurzer Zeit nachgeahmt werden und sich das blaue Meer zunehmend rot färbt. Somit durchlaufen reale Märkte häufig evolutionäre Phasen innerhalb welcher sich das Wettbewerbsumfeld und damit einhergehende strategische Notwendigkeiten über die Zeit verändern. Die Purple Ocean-Strategie modelliert diese Evolution formal und zeigt, dass Unternehmen kontinuierlich zwischen Wertinnovation, inkrementeller Verbesserung und wettbewerblicher Positionierung balancieren müssen (Cavagnetto und Gahir 2013).

Theoretische Basis dieser Strategie liefert u. a. das Konzept **organisationaler Ambidextrie** (Ivancic et al. 2025), das **Exploration** und **Exploitation** thematisiert. In der Umsetzung benötigen Organisationen Mechanismen, die eine Koexistenz beider Logiken erlauben (Tushman und O'Reilly 1996; Gibson und Birkinshaw 2004). Dabei nutzen verschiedenste Unternehmen Vorgehensweisen des violetten Ozeans, um zum einen Skaleneffekte zu realisieren, zum anderen mittelfristige Überlebensfähigkeit mittels Neuerung und Innovation auch in Zukunft sicherzustellen. Somit fungiert der Purple Ansatz als strategischer Übergang, der Erträge sichert, parallel hierzu allerdings auch Erkundungsräume eröffnet. Ein belastbarer Weg koppelt ein kompetitives Kerngeschäft (operative Exzellenz, differenzierende Leistungsmerkmale) mit direkt angrenzenden Innovationsräumen, die vorhandenes Know-how in neue Ertragsquellen überführen (Scarlat und Panduru 2021). Gefahren von Purple-Strategien sind Kannibalisierungsrisiken, kulturelle Fragmentierung und Management-Overheads. Ein Mangel an stringenter Portfoliosteuerung führt zu steigenden Opportunitätskosten.

Wesentlich in der **Umsetzung** ist somit eine Trennung von Kern- und Experimentalfunktionen. Aus methodischer Sicht resultiert aus einer kennzahlenbasierten Diagnose ein Überblick über das Farbprofil der jeweiligen Geschäftseinheiten und zeigt auf, ob primär Wettbewerbs- oder Innovationshebel zu priorisieren sind (Cavagnetto und Gahir 2013; Gandellini und Venanzi 2011). Dabei helfen Portfoliomanagementansätze, die für eine Balance von kurz- und langfristigen Initiativen sorgen sowie insbesondere ambidextre Strukturen, die eine Koexistenz von Kern- und Experimentaleinheiten ermöglichen und Kannibalisierung und Ressourcenkonflikte vermeiden helfen (Tushman und O'Reilly 1996; Gibson und Birkinshaw, 2004). In der praktischen Umsetzung bedeutet dies die Nutzung dreier Hebel von der kontinuierlichen Verbesserung, über die suchfeldbasierte Wertinnovation bis hin zu einer adaptiven Kultur mit entsprechenden Strukturen sowie Anreiz- und Lernsystemen, deren Gewichtung sich aus Reifegrad und Imitationsrisiko des Segments ableitet (Cavagnetto und Gahir 2013). So ist die Purple Ocean Strategy weniger ein Kompromiss als ein Systemdesign, um Imitation vorauszuplanen, Ressourcen wirkungsorientiert zu allokieren und neue Ertragsräume zu erschließen.

Während hier vorliegende Argumentationslinie Purple als Mischung der Farben blau und rot definiert, existiert eine Alternative, die unter Purple eine Kombination der Farben blau und grün versteht und im Rahmen einer White Ocean Mixed Strategy verortet. Diese erweitert den Fokus um ökologische und gesellschaftliche Dimensionen (Aithal 2016).

7.2 White Ocean Strategy

Im Vergleich zum Green Ocean-Ansatz (Kap. 5) beschreibt eine Strategie des weißen Ozeans eine **werte- und zweckorientierte Unternehmenslogik**, die People, Planet, Profit und Passion integriert und damit über rein ökologische Sustainability-Ansätze hinausgeht. Sie steht für eine dauerhafte Verantwortung gegenüber natürlicher und sozialer Umwelt, die reputations-, differenzierungs- und leistungswirksam in Wertangebote, Prozesse und Kommunikation eingebettet wird und so Wirkung über drei komplementäre Nutzenpfade (ökologischer, leistungsbezogener und affektiver, emotionaler Zusatznutzen) entfaltet. Diese Kombination erklärt Bindung, Wiederkauf und Weiterempfehlung besser als einzelne, isolierte Corporate Social Responsibility Maßnahmen (Hartini et al. 2022). So werden White Ocean-Strategien oftmals als ein **Idealtyp normativer, gemeinwohlorientierter oder systemischer Strategien** verstanden. Basis dabei ist eine Auffassung von Unternehmen als Teile komplexer gesellschaftlicher Systeme, in denen Legitimität und langfristige Wohlfahrt (Ivancic 2024) ebenso Zielgrößen sind wie Profitabilität, womit entsprechende Governance-Mechanismen und die Forderung nach umfassender Stakeholder-Integration einhergehen (Menghwar und Daood 2021; Aguinis und Glavas 2012).

So gilt es das normative Design mit den Perspektiven People, Planet, Profit und Passion verbindlich auf Governance-Ebene zu verankern und das Wertegerüst der Führung mittels Kodizes, Reflexions- und Stakeholder-Formaten zu stärken (Hartini et al. 2022). Eine **Operationalisierung** der White Ocean-Strategie machen insbesondere Mess- und Rechenschaftssysteme herausfordernd. Untersuchungen zeigen, dass Materialität, Unsicherheit und die Beteiligung betroffener Anspruchsgruppen bei der Festlegung relevanter Indikatoren von herausragender Wichtigkeit sind (Nicholls 2018; Ivancic 2023a). Systemische und netzwerkartige Strukturen stellen sich als zentral heraus, um gemeinsame Herausforderungen zu bewältigen (Ansell und Gash 2008). Ein integrativer Ansatz einer Open Governance (Ivancic 2024) scheint hier erfolgsversprechend. Auch erweist sich der Blick und die Kontrolle von außen als unabdingbar (Ivancic 2023b).

Strategien der weißen Ozeane erfordern oft geringere kurzfristige Renditeziele oder explizite Trade-off-Entscheidungen zugunsten systemischer Ziele. Governance-Mechanismen müssen dementsprechend diese Entscheidungen institutionell, wie z. B. durch langfristige Incentives, Verträge oder Partnerschaften, stabilisieren (Menghwar und Daood 2021; Aguinis und Glavas 2012). In der **konkreten Umsetzung**, kann ein White Ocean-Ansatz als Konzept fungieren, das die **optimale Mischung aus Red-, Blue-, Green und White-Ozean-Elementen zur Problemlösung** vorsieht. Die damit einhergehende Implementationslogik folgt den vier Schritten Problem bzw. Ziel präzisieren, Lösungsraum analysieren, situationsadäquaten Strategiemix wählen sowie implementieren und iterativ optimieren. So bietet die White Ocean-Strategie unter klaren Ethikleitplanken eine strukturierte Auswahl der geeigneten strategischen Mischung (Aithal 2016). Dabei geben die Rahmenbedingungen Hilfe und Orientierung bei Zielkonflikten und müssen konsequent eingehalten werden (Hartini et al. 2021), was sich in der Praxis häufig als (zu) herausfordernd darstellt. Einen pragmatischeren Ansatz liefert die Strategie des grauen Ozeans.

7.3 Grey Ocean Strategy

Die Idee wettbewerbsfreier Markträume dominiert viele strategische Managementdebatten. Unternehmen sollen der intensiven Konkurrenz entkommen (Kap. 3) und versuchen völlig neue Nachfrage zu schaffen (Kap. 4). Fréry (2014) stellt diese Logik grundlegend infrage, kritisiert sie als zu vereinfachend und plädiert für einen realistischeren Ansatz, den er als Grey Ocean Strategy bezeichnet.

In der Praxis existierten nur selten vollständig neue, wettbewerbsfreie Märkte. Vielmehr sind Märkte oft durch Unsicherheit, unklare Grenzen, hybride Wettbewerbslogiken und institutionelle Trägheit geprägt. Anstatt Wettbewerb zu vermeiden oder bestehende Märkte radikal neu zu definieren, soll pragmatisch mit bestehenden, oft unklar strukturieren Märkten, den grauen Ozeanen, umgegangen werden. Dabei wird **Wettbewerb** nicht negiert, sondern als gegebene Rahmenbedingung **akzeptiert**. Graue Ozeane sind durch Informationsasymmetrien, regulatorische Lücken oder technologische Übergangsphasen gekennzeichnet, weshalb es **Marktineffizienzen auszunutzen** gilt. Im Gegensatz zur radikalen Marktneuschaffung stehen **inkrementelle Innovationen**, schrittweise Verbesserungen und Rekombinationen im Vordergrund des Ansatzes.

Demnach ist der graue Ozean kein spezifischer Markt, sondern ein strategischer Kontext. Unternehmen agieren in Umfeldern, die weder vollständig transparent noch klar strukturiert sind. Wettbewerb existiert, ist jedoch fragmentiert, unvollständig oder inkonsistent. So resultiert strategischer Erfolg weniger aus radikaler Neuerung als aus **intelligenter Navigation**. Dies entspricht auch der unternehmerischen Praxis, die dies allerdings oftmals nicht explizit als Strategie deklariert (Fréry 2014). Die deskriptiv-pragmatische Grey Ocean Strategy baut auf bestehenden Ressourcen, Fähigkeiten und Marktkenntnissen auf und ist somit zum Resource-based View (Abschn. 2.2) und neueren strategischen Ansätzen anschlussfähig. So betont der Dynamic Capability-Ansatz die Fähigkeit von Unternehmen, sich kontinuierlich an verändernde Umweltbedingungen anzupassen (Teece et al. 1997), was auch Parallelen zu Konzepten strategischer Ambidextrie aufweist (March 1991). Graue Ozeane bieten hierfür ein ideales Anwendungsfeld. Sie erfordern weder reine Effizienz noch reine Innovation, sondern eine **situative Balance** auf teils undurchschaubaren Märkten.

In der **Praxis** werden auch rechtliche, verteilungstechnische oder Informationszwischenräume als strategische Möglichkeiten genutzt, was eine gewisse Nähe zu Black Ocean-Strategien aufweisen kann und in bspw. dem Durchführen von Parallelimporten, Sekundärvertrieb, Arbitrage-Handel zwischen Märkten oder auch (regulatorisch) ambivalente Vertriebswegen seine Anwendung findet. Diese Optionen operieren in rechtlich und/oder vertraglich heterogenen Räumen und sind oft kanal- sowie preisgetrieben (Maskus und Chen 2004; Ganslandt und Maskus 2004; Raff und Schmitt 2007) sowie teils heikel (Kap. 6). Dem gilt es mittels detaillierter Analysen und Assessments ebenso Rechnung zu tragen wie einer umsichtigen Aufrechterhaltung eigener Reputation.

7.4   Illustrierende Beispiele zu hybriden Ozeanen

Auf Basis ins Treffen geführter Strategien der bunten Farben lassen sich eine Reihe weiterer Kombinationen nennen, die Basiselemente der Kernausrichtungen (Kap. 3, 4, 5 und 6) aufnehmen. Illustrierende Beispiele verdeutlichen oben vorgestellte Kombinationsmöglichkeiten.

Beispiel

So kann in der Automobilbranche als Mischung aus rotem und blauem Ozean der Purple-Ansatz von **Tesla, Inc.** als Beispiel dienen. Das Unternehmen betrat zunächst ein stark kompetitives Marktumfeld mit etablierten Herstellern (Red Ocean-Aspekt), kombinierte dies jedoch mit Wertinnovationen wie Softwareintegration, Ladeinfrastruktur und Direktvertrieb (Blue Ocean-Element). Dies erzeugte einen Purple Ocean, in dem Tesla gleichzeitig den Rivalitätsmechanismen der Automobilindustrie ausgesetzt war und neue Nachfrage durch Differenzierung im Bereich Elektromobilität erschloss (Mangram 2012). Ein weiteres Beispiel aus der Branche ist **Toyotas Lexus**, der sich abseits klassischer Wettbewerbsstrategien (Porter 1980) zwischen Kostenführer und Differenzierer positionierte (Hibino et al. 2017).

Als Beispiel wertorientierter Differenzierung kann **The Body Shop** in seiner Frühphase genannt werden. Im Rahmen einer White Ocean-Strategie verband das Unternehmen Kosmetikvertrieb mit einem klar ethischen Profil, einschließlich tierversuchsfreier Produkte, fair gehandelter Rohstoffe und sozialem Aktivismus. Dadurch entstand ein Marktsegment, das stark werteorientiert war und sich bewusst von der konventionellen Kosmetikindustrie abgrenzte. Der Wettbewerb wurde weniger über den Preis als primär über Glaubwürdigkeit und ethische Differenzierung geführt (Crane 2005) und gleichzeitig flexibles Agieren auf Basis sich ändernder Gegebenheiten institutionalisiert.

Während der COVID-19-Pandemie bewegten sich die Pharma- und Biotech-Unternehmen **BioNTech SE** oder **Moderna, Inc.** in unsicheren und konfliktbelasteten Märkten, also in einem plakativ grauen Umfeld, das durch regulatorische Unsicherheit, geopolitische Einflussnahmen und extreme Zeitknappheit geprägt war. Darauf abgestimmte Grey Ocean-Strategien mussten gleichzeitig Wettbewerbslogik (z. B. Marktzugang, Produktionskapazitäten) und radikale Innovation (mRNA-Technologie) verbinden, während staatliche Regulierungen und öffentliche Erwartungen das Feld zusätzlich verkomplizierten (Le et al. 2020). ◄

▶ Purple Ocean-Strategien kombinieren Kerngeschäftseffizienz mit der Erkundung neuer Märkte und Geschäftsmodelle, White Ocean-Strategien betrachten Unternehmen als gesellschaftlich eingebettete Akteure und bieten einen flexiblen Strategiemix während pragmatische Grey Ocean-Strategien auf intelligente Navigation in nicht vollkommen durchschaubaren Märkten setzen.

Nicht immer lassen sich hybride Strategien trennscharf von den Hauptstoßrichtungen der Kap. 3, 4, 5 und 6 abgrenzen. So besteht die latente Gefahr, dass diese Farbenspiele beliebig wirken können. Auch lassen sich teils **andere Ausführungen zu spezifischen Hybridstrategien** in der Literatur finden. Bspw. wird der **Graue Ozean Ansatz** auch als Strategie der Erschließung einer demografisch definierten Nachfrage mittels wert- und evidenzbasierter Gestaltung verstanden und so die rasant wachsende Kohorte **reifer Konsumenten als neue Marktmehrheit adressiert.** Dabei stützt er sich auf Erkenntnisse der Alterspsychologie, um authentische, risikoarme und glaubwürdige Wertversprechen zu gestalten. Psychologische und kognitive Veränderungen des Alterns werden zum Fundament wertbasierter Marktbearbeitung. Zentral ist das Entscheidungsverhalten im späteren Leben. Reifere Kunden sind überproportional sensibilisiert für Diskrepanzen zwischen Anspruch und Leistung, weshalb Produkt- und Servicegestaltung daher Glaubwürdigkeit demonstrieren (z. B. nachvollziehbare Evidenzen, faire Garantien) und kognitive Last reduzieren sollen (z. B. klare Optionen, verständliche Prozesse).

Viel wichtiger als die korrekte Bezeichnung oder das Verfolgen einer spezifischen Ausrichtung, ist demnach die Kenntnis deren Kernelemente (Abb. 7.2) und eine zielführende Kombination vor dem Hintergrund aktueller Entwicklungen in- und außerhalb der Organisation.

Je nach Marktgegebenheiten (Abschn. 2.1) ist es somit für Organisationen sinnvoll, einen differenziert gewichteten, adäquaten Mix strategischer Stoßrichtungen unter Berücksichtigung eigener Ressourcen (Abschn. 2.2) und dynamischer Entwicklungen (Abschn. 2.3) zu kombinieren, um reüssieren zu können. Dabei gilt es Megatrends wie bspw. nachhaltiger Entwicklung, Digitalisierung oder KI Rechnung zu tragen. Diese Trends wirken langfristig, global und systemisch auf Wirtschaft und Gesellschaft ein (Rohrbeck et al. 2015). So passen sich Organisationen an relevante, nachhaltige Umweltentwicklungen an und gestalten diese im Idealfall proaktiv mit.

Strategie	Kernidee	Wettbewerb	Fokus
Red Ocean	Kampf um Marktanteile, Kostenfokus	bestehender Markt, starker Wettbewerb	Marktanteile, Kosten, Effizienz
Blue Ocean	Schaffung neuer Märkte, Value Innovation	neuer Markt, kein Wettbewerb	Innovation und Differenzierung
Green Ocean	Value Innovation und Nachhaltigkeit	bestehende und neue Märkte	Nachhaltige Innovation und Differenzierung
Black Ocean	Kurzfriststrategie in Krisenzeiten	bestehende und neue Märkte	Abschottung, unethische, destruktive Taktiken
Purple Ocean	Mischstrategie aus rot und blau	bestehende und neue Märkte	Märkte nutzen und Differenzierung
White Ocean	flexibler Einsatz differenter Strategien	bestehende und neue Märkte	Wert- und zweck-orientierte Logik
Grey Ocean	pragmatisch, inkrementelle Innovation	bestehende, neue, teils undurchsichtige Märkte	Anpassung an veränderte Umwelten

Abb. 7.2 Farben der Ozeane. (Eigene Darstellung)

Literatur

Aguinis, H., & Glavas, A. (2012). What we know and don't know about corporate social responsibility: A review and research agenda. *Journal of Management, 38*(4), 932–968. https://doi.org/10.1177/0149206311436079

Aithal, P. S. (2016). The concept of ideal strategy and its realization using White Ocean Mixed Strategy. *International Journal of Management Sciences and Business Research, 5*(4), 171-179. https://doi.org/10.5281/zenodo.3464749

Ansell, C., & Gash, A. (2008). Collaborative governance in theory and practice. *Journal of Public Administration Research and Theory, 18*(4), 543–571. https://doi.org/10.1093/jopart/mum032

Cavagnetto, S., & Gahir, B. (2013). Shades of Purple Strategy *CRIS Bulletin, 2013*(1), 77-92. https://doi.org/10.2478/cris-2013-0004

Crane, A. (2005). Meeting the ethical gaze: Challenges for orienting to the ethical market. In R. Harrison, T. Newholm & D. Shaw (Hrsg.), *The Ethical Consumer* (S. 219-232). Thousand Oaks: Sage. https://doi.org/10.4135/9781446211991.n15

Fréry, F. (2014). Forget the Blue Ocean, prefer the Grey Ocean. *Harvard Business Review France*.

Gandellini, G., & Venanzi, D. (2011). Purple Ocean Strategy: How To Support SMEs' Recovery. *Procedia – Social and Behavioral Sciences, 24*, 1-15. https://doi.org/10.1016/j.sbspro.2011.09.017

Ganslandt, M., & Maskus, K. E. (2004). Parallel imports and the pricing of pharmaceutical products: Evidence from the European Union. *Journal of Health Economics, 23*(5), 1035–1057. https://doi.org/10.1016/j.jhealeco.2004.03.005

Gibson, C. B., & Birkinshaw, J. (2004). The antecedents, consequences, and mediating role of organizational ambidexterity. *Academy of Management Journal, 47*(2), 209–226.

Hartini, S., Kurniawati, M., Sulistiawan, J., & Ihwanudin, M. (2021). From practice to theory: White Ocean Strategy of creative industry in East Java Indonesia. *Review of International Geographical Education (RIGEO), 11*(5), 4214-4222.

Hartini, S., Kurniawati, M., Sulistiawan, J., & Ihwanudin, M. (2022). The relationship between White Ocean Strategy, customer value, and customer engagement. *Organizations and Markets in Emerging Economies, 13*(1), 96-116. https://doi.org/10.15388/omee.2022.13.72

Hibino, S., Noguchi, K., & Plenert, G. (2017). *Toyota's Global Marketing Strategy: Innovation through Breakthrough Thinking and Kaizen.* New York: Productivity Press. https://doi.org/10.1201/9781315163567

Ivancic, R. (2023a). Corporate Responsible Governance: Verantwortungsvolle Unternehmenssteuerung als umfassender Ansatz mit Impact. In G. Bentele, M. Piwinger & G. Schönborn (Hrsg.): *Kommunikationsmanagement: Strategien, Wissen, Lösungen: Loseblattwerk*, München: Luchterhand, Beitrag 1.73.

Ivancic, R. (2023b). Zur Notwendigkeit externer Interventionen: Supervision, Coaching, Mentoring und Consulting als Ansätze systemischer Entwicklung. In S. Laske, A. Orthey & M. J. Schmid (Hrsg.), *PersonalEntwickeln: Das aktuelle Nachschlagewerk für Praktiker: Loseblattwerk*, Köln: Deutscher Wirtschaftsdienst, Beitrag 8.157.

Ivancic, R. (2024). The Power of Corporate Openness: Grenzen und Möglichkeiten (digitaler) Stakeholderintegration – Open Innovation, Open Strategy, Open Governance. In G. Bentele, M. Piwinger & G. Schönborn (Hrsg.): *Kommunikationsmanagement: Strategien, Wissen, Lösungen: Loseblattwerk*, München: Luchterhand, Beitrag 2.115.

Ivancic, R., Olbert-Bock, S., & Oberholzer, B. (2025). *Polydextrie – Zur Notwendigkeit kontextualer Vielseitigkeit: Situative Führung, Kultur- und Kompetenzentwicklung in Organisationen*, Wiesbaden: Gabler. https://doi.org/10.1007/978-3-658-48581-8

Le, T. T., Andreadakis, Z., Kumar, A., Román, P. G., Tollefsen, S., Saville, M., & Mayhew, S. (2020). The COVID-19 vaccine development landscape. *Nature Reviews Drug Discovery, 19*, 305–306. https://doi.org/10.1038/d41573-020-00073-5

Mangram, M. E. (2012). The globalization of Tesla Motors: a strategic marketing plan analysis. *Journal of Strategic Marketing, 20*(4), 289-312. https://doi.org/10.1080/0965254X.2012.657224

March, J. G. (1991). Exploration and exploitation in organizational learning. *Organization Science, 2*(1), 71-87. https://doi.org/10.1287/orsc.2.1.71

Maskus, K. E., & Chen, Y. (2004). Vertical price control and parallel imports: Theory and evidence. *Review of International Economics, 12*(4), 551–570. https://doi.org/10.1111/j.1467-9396.2004.00467.x

Menghwar, P. S., & Daood, A. (2021). Creating shared value: A systematic review, synthesis and integrative perspective. *International Journal of Management Reviews, 23*(4), 466-485. https://doi.org/10.1111/ijmr.12252

Nicholls, A. (2018). A general theory of social impact accounting: Materiality, uncertainty and empowerment. *Journal of Social Entrepreneurship, 9*(2), 132–153. https://doi.org/10.1080/19420676.2018.1452785

Porter, M. E. (1980). *Competitive Strategy: Techniques for analyzing industries and competitors.* New York: The Free Press

Raff, D., & Schmitt, N. (2007). Why parallel trade may raise producers' profits. *Journal of International Economics, 71*(2), 434–447. https://doi.org/10.1016/j.jinteco.2006.08.001

Rohrbeck, R., Battistella, C., & Huizingh, E. (2015). Corporate foresight: An emerging field with a rich tradition. *Technological Forecasting and Social Change, 101*, 1-9. https://doi.org/10.1016/j.techfore.2015.11.002

Scarlat, C., & Panduru, D.-A. (2021). The Purple Ocean: Revisiting the Blue Ocean Strategy. *Journal of Eastern Europe Research in Business and Economics*, Nr. 165416. https://doi.org/10.5171/2021.165416

Teece, D. J., Pisano, G., & Shuen, A. (1997). Dynamic capabilities and strategic management. *Strategic Management Journal, 18*(7), 509-533. https://doi.org/10.1002/(SICI)1097-0266(199708)18:7<509::AID-SMJ882>3.0.CO;2-Z

Tushman, M. L., & O'Reilly III., C. A. (1996). Ambidextrous organizations: Managing evolutionary and revolutionary change. *California Management Review, 38*(4), 8–30. https://doi.org/10.2307/41165852

Zukunft gestalten: Digitainability und strategische Vielfalt

8

Strategische Metaphern wie Ozeane sind zwar heuristisch nützlich, jedoch nicht normativ deterministisch. Manche Konzepte sind stärker als Managementmode rezipiert worden als als robuste, universell anwendbare Theorie. Empirische Studien zeigen, dass der Erfolg stark von Kontext, Zeitfenster und organisatorischen Fähigkeiten abhängt.

Die Dynamik der Transformationsprozesses überschreitet mittlerweile wirtschaftliche Grenzen (Kap. 1) und prägt ebenso soziale, kulturelle und politische Strukturen (Budd 2001). In Folge haben sich die Anforderungen an Strategien kontinuierlich verdichtet und stehen unter einem dauerhaften Veränderungsdruck, der eine zu konsequente Verfolgung von Normstoßrichtungen ohne Beachtung exogener Entwicklungen gefährlich macht. Viel eher scheinen oftmals flexible, kombinierte und dadurch auf den ersten Blick paradoxe Vorgehensweisen zielführender.

Diese notwendige strategische **Gleichzeitigkeit differenter Aus- und Stoßrichtungen** kann treffend mittels des Begriffs der **Polydextrie** (Ivancic et al. 2025) thematisiert werden. Der Ansatz beruht auf Überlegungen zur Ambidextrie, die zwei völlig gegensätzlichen Stoßrichtungen zu vereinen sucht (Back et al. 2022; Wolan 2020) und geht darüber hinaus, indem er dezidiert die Notwendigkeit einer Gleichzeitigkeit der Vielfältigkeit postuliert. Er *„basiert im Kern auf der Fähigkeit, unterschiedliche und mitunter gegensätzliche Steuerungsansätze gleichzeitig und flexibel anzuwenden"* (Ivancic et al. 2025, S. 15). Polydextrie wird notwendig, um sich vor der **übergeordneten Zielsetzung der systemischen Bewahrung der eigenen Identität und des eigenen Existenzgrundes** (Rieckmann 2005) sowie der (Überlebens-)Fähigkeit für unterschiedliche Zukünfte zu rüsten, die immer schwerer vor dem Hintergrund eines strategischen und mittel- bis langfristigen Ho-

R. Ivancic, *Farben des Erfolgs – Ocean-Strategien für Organisationen*, essentials, https://doi.org/10.1007/978-3-658-51878-3_8

rizonts prognostiziert werden können (Kap. 1). So ist es in einer dynamischen und unsicheren Umwelt riskant, sich ausschließlich auf eine einzige Strategie zu verlassen.

Hierzu maßgeblich tragen unterschiedliche **Megatrends** bei, die den Seegang beeinflussen und somit verschiedene Anforderungen an die Navigation stellen. Diese Entwicklungen erfordern eine Neubewertung traditioneller strategischer Ansätze. Statt starrer Modelle wie der Red, Blue oder Green Ocean Strategy ist ein flexibler, kontextsensitiver Ansatz notwendig. Auf der anderen Seite sorgen Megatrends allerdings auch für eine gewisse Stabilität von Entwicklungen und bieten einen Rahmen einer makroperspektivischen Evolution von Märkten, anderen gesellschaftlichen Sphären und der Welt. Sie bezeichnen tiefgreifende, langfristige Entwicklungen, die über Jahrzehnte hinweg Gesellschaft, Wirtschaft und Politik nachhaltig verändern. Im Unterschied zu kurzfristigen Moden entfalten sie eine systemische Wirkung, überschreiten sektorale und regionale Grenzen und erzeugen langfristige Pfadabhängigkeiten (Naughtin et al. 2024; Rohrbeck et al. 2015).

Gegenwärtig lassen sich insbesondere **Digitalisierung und KI, geopolitische Spannungen** sowie **Nachhaltigkeit** als prägende Megatrends identifizieren, die das globale Geschehen und die Gestaltung von Organisationen maßgeblich beeinflussen. Geopolitische Spannungen, wie Handelskonflikte, politische Instabilität oder regionale Krisen, beeinflussen globale Märkte und Lieferketten. Unternehmen sehen sich mit Unsicherheiten konfrontiert, die ihre strategische Planung erschweren. Digitalisierung hat in den letzten Jahrzehnten nahezu alle Lebensbereiche durchdrungen. Sie bietet Unternehmen u. a. Möglichkeiten, Prozesse zu optimieren, neue Geschäftsmodelle zu entwickeln und global zu agieren. Nachhaltigkeit wiederum ist nicht nur ein ethisches Gebot, sondern zunehmend ein wirtschaftlicher Imperativ. Unternehmen, die ökologische und soziale Verantwortung übernehmen, stärken ihre langfristige Wettbewerbsfähigkeit. Diese Kräfte wirken nicht isoliert, sondern entfalten ihre Dynamik kumulativ, indem sie gemeinsam die institutionellen Rahmenbedingungen transformieren, innerhalb derer Unternehmen agieren (Ivancic und Oberholzer 2025). So bringt bspw. Digitalisierung Herausforderungen, wie etwa Ressourcenverbrauch, Datenschutzbedenken und die Gefahr der digitalen Spaltung mit sich. Diese Aspekte werfen Fragen hinsichtlich der Nachhaltigkeit digitaler Technologien auf.

Sowohl Nachhaltigkeit als auch Digitalisierung sowie KI wirken auf unterschiedliche Sphären in- und außerhalb der Organisation. So hat KI für einen Transformationsschub innerhalb von Organisationen gesorgt, dessen Auswirkungen dato noch nicht ganz absehbar sind. Damit verschärfen KI und algorithmische Entscheidungsprozesse soziale und ethische Fragestellungen (Jobin et al. 2019), wo-

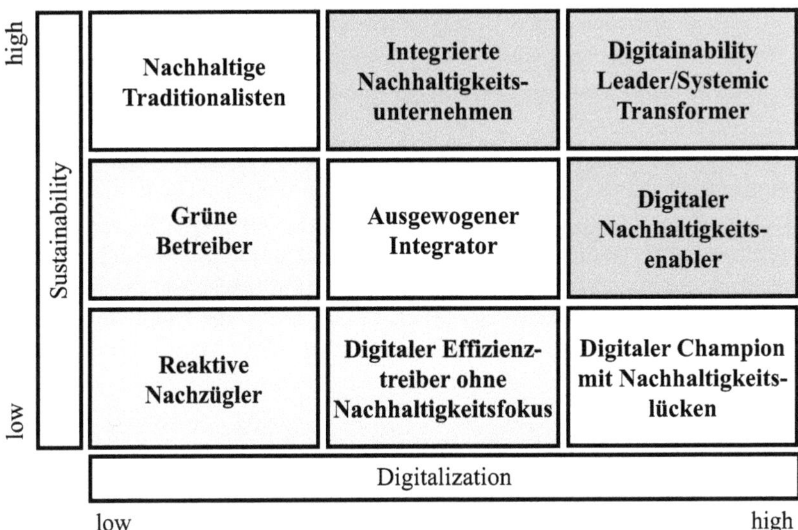

Abb. 8.1 Digitainability Reifegradmodell. (Eigene Darstellung in Anlehnung an Ivancic und Oberholzer 2025)

durch eine Verbindung entsteht, die in Japan bereits seit einiger Zeit unter dem Konzept **Society 5.0** diskutiert wird (H-UTokyo Lab. 2020).

Ein für Organisationen anschlussfähigerer, ähnlicher Ansatz hierfür ist **Digitainability**, die neben der originären organisationalen Identität einen übergeordneten Rahmen für verschiedene Ocean-Strategien bilden kann. Der Begriff beschreibt die wechselseitige Integration von Digitalisierung und Nachhaltigkeit als komplementäre Transformationslogiken (Abb. 8.1) des 21. Jahrhunderts (Seele und Lock 2017; Lichtenthaler 2021) und deren Berücksichtigung in der Unternehmensstrategie (Gupta und Rhyner 2022).

> ▶ Anstatt sich auf eine starre Strategie festzulegen, ist es aus organisationaler Sicht notwendig, dazu befähigt zu sein, differente Ansätze vor dem Hintergrund von Megatrends und der eigenen Identität zu kombinieren und sich so zu einem **Digitainability Leader** oder **Systemic Transformer** zu entwickeln, der differenten Transformationen seinen Stempel aufzudrücken in der Lage ist. So kann in einem gesättigten Markt eine Blue Ocean-Strategie zu Erfolg führen, während in einem anderen umkämpften Markt sich möglicherweise eine Red Ocean Strategy als zielführender herausstellt. Die Kom-

petenz, zwischen diesen Herangehensweisen zu wechseln oder sie (teils im Sinne hybrider Strategien) zu kombinieren (Kap. 7), befähigt Unternehmen, flexibel auf Veränderungen zu reagieren und Wettbewerbsvorteile zu sichern.

Auch wenn aktuelle, geopolitische Tendenzen (2026) in Richtung einer Negation der Notwendigkeit von Nachhaltigkeit zeigen und eher Digitalisierung und Protektionismus favorisieren, wird es für Unternehmen mittel- wenn nicht gar kurzfristig nicht möglich sein, negative Entwicklungen zu verleugnen. Entsprechende Reaktionen werden von Anspruchsgruppen zunehmend gefordert, welche im Sinne einer **Open Strategy** (Stadler et al. 2021) oder **Open Governance** (Ivancic 2024) ihre Bedürfnisse berücksichtigt wissen wollen. Insgesamt zeigt sich, dass aktuelle Ozeane (Kap. 1) neue Denkweisen in der Strategieentwicklung erfordern.

Statt starrer Modelle ist Flexibilität gefragt. Durch die Integration von Digitalisierung und Nachhaltigkeit und die Anwendung eines polydextrischen Ansatzes können Organisationen nicht nur ihre Resilienz stärken, sondern auch aktiv Märkte und Umwelten gestalten. Dieser integrative und flexible Ansatz ist der Schlüssel für nachhaltigen Erfolg in einer komplexen und dynamischen Welt.

Literatur

Back, A., Bub, U., & Wagner, D. (2022). Organisationale Ambidextrie für Digitale Transformation gezielt entwickeln – Konzeption des „CDO-CIO Do-it Kit" auf Basis eines Reifegradansatzes. *HMD Praxis der Wirtschaftsinformatik, 59*(1), 818-839. https://doi.org/10.1365/s40702-022-00874-9

Budd, J. F. (2001). Opinion: Foreign policy acumen needed by global CEOs. *Public Relations Review, 27*(2), 123-134. https://doi.org/10.1016/S0363-8111(01)00075-3

Gupta, S., & Rhyner, J. (2022). Mindful Application of Digitalization for Sustainable Development: The Digitainability Assessment Framework. *Sustainability, 14*(5), No. 3114. https://doi.org/10.3390/su14053114

H-UTokyo Lab. (2020). *Society 5.0: A people-centric Super-smart Society*. Wiesbaden: Springer. https://doi.org/10.1007/978-981-15-2989-4

Ivancic, R. (2024). The Power of Corporate Openness: Grenzen und Möglichkeiten (digitaler) Stakeholderintegration – Open Innovation, Open Strategy, Open Governance. In G. Bentele, M. Piwinger & G. Schönborn (Hrsg.): *Kommunikationsmanagement: Strategien, Wissen, Lösungen: Loseblattwerk*. München: Luchterhand, Beitrag 2.115.

Ivancic, R., Olbert-Bock, S., & Oberholzer, B. (2025). *Polydextrie – Zur Notwendigkeit kontextualer Vielseitigkeit: Situative Führung, Kultur- und Kompetenzentwicklung in Organisationen*. Wiesbaden: Gabler. https://doi.org/10.1007/978-3-658-48581-8

Ivancic, R., Oberholzer, B. (2025). Responsible Governance in the age of Digitainability. *St.Galler Trendmonitor für Risiko- und Finanzmärkte, 47*(4), 49–53.

Jobin, A., Ienca, M., & Vayena, E. (2019). The global landscape of AI ethics guidelines. *Nature Machine Intelligence, 1*, 389–399. https://doi.org/10.1038/s42256-019-0088-2

Lichtenthaler, U. (2021). Digitainability: The combined effects of the megatrends digitalization and sustainability. *Journal of Innovation Management, 9*(2), 64–80. https://doi.org/1 0.24840/2183-0606_009.002_0006

Naughtin, C. K., Schleiger, E., Bratanova, A., Terhorst, A., & Hajkowicz, S. (2024). Forty years in the making: A systematic review of the megatrends literature. *Futures, 157*, No. 103329. https://doi.org/10.1016/j.futures.2024.103329

Rieckmann, H. J. (2005). *Managen und Führen am Rande des 3. Jahrtausends: Praktisches, Theoretisches, Bedenkliches* (3. Aufl.). Frankfurt am Main: Lang.

Rohrbeck, R., Battistella, C., & Huizingh, E. (2015). Corporate foresight: An emerging field with a rich tradition. *Technological Forecasting and Social Change, 101*: 1–9. https://doi.org/10.1016/j.techfore.2015.11.002

Seele, P., & Lock, I. (2017). The game-changing potential of digitalization for sustainability: Possibilities, perils, and pathways. *Sustainability Science, 12*(2), 183–185. https://doi.org/10.1007/s11625-017-0426-4

Stadler, C., Hautz, J., Matzler, K., von den Eichen, S. F. (2021). *Open Strategy: Mastering Disruption from outside the C-Suite.* Cambridge: MIT Press. https://doi.org/10.7551/mitpress/13719.001.0001

Wolan, M. (2020). *Next Generation Digital Transformation: 50 Prinzipien für erfolgreichen Unternehmenswandel im Zeitalter der Künstlichen Intelligenz.* Wiesbaden: Springer. https://doi.org/10.1007/978-3-658-24935-9

Was Sie aus diesem *essential* mitnehmen können

- Globale Märkte bilden ein hochdynamisches und komplexes System, in dem Unsicherheit zur strukturellen Grundbedingung wirtschaftlichen Handelns geworden ist.
- Zukunftsfähige Strategieentwicklung verlangt die Fähigkeit, unter permanentem Wandel konsistente, aber zugleich adaptive Orientierungen zu formulieren.
- Strategische Optionen umfassen ein breites Spektrum, das von Wettbewerbsstrategien in gesättigten Märkten (Red Ocean) über die Erschließung und Begründung neuer (Blue Ocean) bis zu nachhaltigkeitsorientierten (Green Ocean) und barriereschaffenden, krisenmodalen Ansätzen (Black Ocean) reicht.
- Die Ocean-Strategien sind nicht nur theoretische Idealtypen, sondern praxisrelevante Orientierungsrahmen, die Organisationen befähigen, Märkte aktiv zu gestalten, neue Nachfrage zu generieren, Differenzierungspotenziale auszuschöpfen und gesellschaftliche Erwartungen produktiv einzubinden.
- Die polydextre Kombination unterschiedlicher Ocean-Strategien vor dem stabilisierenden Hintergrund eigener Identität unter Beachtung von Digitainability hilft den Existenzgrund und die Überlebensfähigkeit der Organisation sicherzustellen.
- Systematische Herleitungen und praxisnahe Anwendungen verdeutlichen die Übertragbarkeit dieser Konzepte auf unterschiedliche Branchen und Kontexte.